MÉCANIQUE

DE

L'ÉCHANGE

PARIS. — IMPRIMERIE POITEVIN, RUE DAMIETTE 2 ET 4.

MÉCANIQUE

DE

L'ÉCHANGE

PAR

HENRI CERNUSCHI

> « Ceux qui aiment à entrer dans le dé-
> « tail des sciences méprisent les recherches
> « abstraites et générales, et ceux qui ap-
> « profondissent les principes entrent rare-
> « ment dans les particularités. — Pour moi
> « j'estime également l'un et l'autre. »
>
> LEIBNITZ.

PARIS

LIBRAIRIE INTERNATIONALE

A. LACROIX, VERBOECKHOVEN ET Cie, ÉDITEURS

Boulevard Montmartre, 15, au coin de la rue Vivienne

MÊME MAISON A BRUXELLES, A LEIPZIG ET A LIVOURNE

JUIN 1865

SOMMAIRE

Chapitres.		Pages.
I.	— Matières de l'échange.	7
II.	— Éléments de la valeur	9
III.	— Variations de la valeur	15
IV.	— L'évaluation monétaire	19
V.	— L'échange dédoublé par la monnaie.	23
VI.	— Les capitaux formés par la monnaie	27
VII.	— La circulation par la monnaie	31
VIII.	— Le payement économique sur place : — Caisses de dépôt. — Chèques. — Reconnaissances au porteur. — Compensations.	35
IX.	— Le payement économique à distance : — La lettre de change. — Les devises.	43
X.	— Du change.	49
XI.	— L'intérêt	55
XII.	— Mesurage de l'intérêt. — Le taux annuel	59
XIII.	— Applications de l'intérêt : — Vente. — Loyer. — Rente perpétuelle ou temporaire. — Amortissement. — Intérêt en dedans et en dehors.	65
XIV.	— Suppression de l'intérêt	73

SOMMAIRE

6

Ch.		Pages.
XV.	— Le loyer acquéreur	77
XVI.	— Les prix émancipés et la taxation de l'intérêt.	83
XVII.	— La cherté et l'intérêt à bon marché.	93
XVIII.	— Les banques foncières.	97
XIX.	— Les billets à ordre	101
XX.	— Les capitaux flottants et les banques d'escompte	105
XXI.	— Le report	115
XXII.	— L'or. Numéraire et lingots.	119
XXIII.	— Le tantième monétaire	125
XXIV.	— Variations du tantième monétaire.	129
XXV.	— Variations de la masse monétaire.	135
XXVI.	— Valeur réelle de l'or.	139
XXVII.	— L'argent.	147
XXVIII.	— Géographie monétaire.	151
XXIX.	— Les courants monétaires.	155
XXX.	— Les secousses monétaires et l'élévation de l'escompte	159
XXXI.	— Les banques d'échange et la suppression de la monnaie.	173
XXXII.	— La monnaie territoriale et le billet à rente.	177
XXXIII.	— La dépense monétaire.	183
XXXIV.	— Le crédit	187
XXXV.	— Les banques d'émission et l'or supposé	195
XXXVI.	— L'or supposé et la circulation.	201
XXXVII.	— L'or supposé et l'intérêt.	205
XXXVIII.	— L'or supposé et l'or altéré.	211
XXXIX.	— L'or supposé et la hausse des prix	217
XL.	— Conclusion. — Abandon de l'or supposé	219

MÉCANIQUE DE L'ÉCHANGE

CHAPITRE PREMIER

MATIÈRES DE L'ÉCHANGE

Le bilan de tout individu se résume en trois comptes : les biens existants, les créances et les dettes. Mais si on réunit en un seul tous les bilans individuels du monde, les dettes et les créances se neutralisant mutuellement, il ne reste plus qu'un seul compte : les biens existants.

La totalité des biens existants forme l'inventaire général. C'est là la matière première de l'échange. Les dettes et les créances en sont la matière subsidiaire. On se transmet réciproquement les dettes et les créances comme on se transmet les biens; mais quelque grandes ou petites qu'elles soient, et dans quelques mains qu'elles passent, créances pour les uns, dettes pour les autres, elles n'ajoutent rien, elles n'ôtent rien à l'inventaire général.

L'augmentation ou la diminution de cet inventaire général ne peuvent jamais résulter que de l'augmentation ou de la diminution de la quantité des biens réellement existants.

CHAPITRE II

ÉLÉMENTS DE LA VALEUR

Il faut toujours se nourrir, toujours se couvrir, toujours s'abriter, toujours communiquer, toujours échanger. Si on n'a que des vivres, si on n'a que des vêtements, si on n'a que des habitations, si on n'a que des véhicules, si on n'a que de l'or, on périt. Il faut donc prendre plusieurs biens dans l'inventaire général et les posséder simultanément. Non-seulement ils sont utiles, c'est-à-dire nécessaires ou agréables, mais l'utilité de chacun serait nulle si elle n'était pas combinée avec l'utilité des autres.

Ce besoin absolu de combiner en une seule plusieurs utilités ne fait cependant pas que l'utilité de chacun des biens simultanément possédés soit d'égale importance.

Il y a au sein de cette utilité combinée des différences d'utilité, comme il y a au sein de la lumière des rayons différemment colorés.

Les différences produisent des comparaisons. Les comparaisons s'expriment par des nombres.

Le nombre qui exprime la comparaison entre l'utilité d'un bien et l'utilité des autres biens, c'est la valeur.

Comment chiffrer la valeur? Que valent les biens existants, que vaut l'inventaire général?

Tant qu'on ne dit pas combien une longueur est multiple ou sous-multiple d'une autre longueur, il est impossible d'énoncer une longueur quelconque. De même, tant qu'on ne dit pas combien une valeur est multiple ou sous-multiple d'une autre valeur, il est impossible d'énoncer une valeur quelconque.

Pour mesurer la plus grande longueur que l'homme puisse parcourir, la circonférence de la terre, on prend un tantième de cette circonférence,

puis on énonce qu'elle équivaut à tant de fois la longueur de ce tantième. De même, pour mesurer la
valeur de tous les biens existants, la valeur totale de
l'inventaire général, il faut en prendre un tantième,
puis énoncer qu'elle est égale à tant de fois la valeur
de ce tantième.

Le fer, l'or, le sol cultivé et chaque espèce de
biens doivent nécessairement valoir chacun un tantième de l'inventaire général, tantième déterminé
par l'utilité de chaque espèce de biens comparée à
l'utilité de toutes les autres espèces; et tous les
tantièmes pris ensemble doivent nécessairement
constituer la valeur de l'inventaire général.

Ici, comme en géométrie, on ne peut avoir comme
point de départ que des données hypothétiques, mais
qui suffisent pour trouver la vérité.

Soit à un moment donné : cinquante millions le
poids du fer existant. L'utilité du fer est telle que,
comparativement à toutes les autres utilités, le fer
vaut un millième de l'inventaire général. L'inventaire
général vaut, par conséquent, mille fois la valeur
du fer existant, il vaut cinquante mille millions de
fer pesant :

Soit, au même moment, vingt-cinq mille la surface du sol cultivé. L'utilité du sol cultivé est telle que, comparativement à toutes les autres utilités, le sol cultivé vaut un quart de l'inventaire général. L'inventaire général vaut, par conséquent, quatre fois la valeur du sol cultivé, il vaut donc cent mille surfaces de sol cultivé :

Soit pareillement : cinq mille le poids de l'or existant. L'utilité de l'or est telle que, comparativement à toutes les autres utilités, l'or vaut un centième de l'inventaire général. L'inventaire général vaut, par conséquent, cent fois la valeur de l'or existant, il vaut cinq cent mille pesant d'or.

Ainsi, voilà trois quantités, l'une de fer, l'une de sol cultivé, l'autre d'or, qui, toutes les trois, expriment la valeur de l'inventaire général, et qui, par conséquent, sont égales de valeur entre elles. Et comme les cinquante mille millions de fer pèsent dix mille fois autant que les cinq cent mille d'or, et que cette masse d'or est égale en nombre à cinq fois les cent mille surfaces de sol cultivé, il s'ensuit qu'entre dix mille unités de fer, une unité d'or, et le cinquième d'une surface de sol cultivé, il y a parité de valeur.

La valeur de l'inventaire général est une grande unité dont toutes les unités particulières sont des portions. Toutes ces portions sont donc multiples ou sous-multiples en valeur les unes des autres et peuvent s'évaluer réciproquement. L'unité fer, l'unité sol cultivé, l'unité or, l'unité d'un bien quelconque peut évaluer toutes les autres unités ou se faire évaluer par chacune d'elles.

La valeur de chaque unité particulière est formée par deux éléments : d'abord le tantième, c'est-à-dire la quantité d'utilité qu'on reconnaît au bien dont l'unité fait partie, comparativement à la quantité d'utilité qu'on reconnaît aux autres biens ; ensuite la masse, c'est-à-dire la quantité qui existe de ce même bien. La valeur des biens est, par conséquent, en raison directe des tantièmes et en raison inverse des masses.

Chaque masse vaut un tantième de l'inventaire général, et chaque unité particulière vaut un sous-tantième de la masse à laquelle elle appartient.

Qu'on prenne une poignée de blé ; en la multipliant par la masse du blé existant, on obtiendra un tantième de l'inventaire général, et en réduisant

ce tantième en entier, on aura une quantité de blé
représentant la valeur totale de l'inventaire général.
Cette même opération idéale peut se faire en pre-
nant un morceau de métal ou l'unité d'un bien
quelconque.

CHAPITRE III

VARIATIONS DE LA VALEUR

Si les tantièmes ne variaient pas, si les masses restaient toujours les mêmes, il n'y aurait que des valeurs fixes. Mais les masses et les tantièmes sont variables, donc la valeur de chaque bien est variable.

Pour observer avec fruit, il ne faut observer qu'un seul fait à la fois, et toujours supposer que tous les faits en dehors du fait qu'on observe restent ce qu'ils étaient avant. Cette précaution est de toute rigueur. Sans elle, aucune observation n'est possible, aucun raisonnement ne peut s'établir, surtout en un sujet aussi complexe que l'é-change.

Le lin valait, par exemple, un cent millième de l'inventaire général ; survient le coton. L'utilité du lin diminue, le lin ne vaut plus qu'un demi-cent millième, et le coton entre en possession du demi-cent millième perdu par le lin. Alors l'unité lin perd une moitié de son ancienne valeur. C'est une variation de valeur produite par une variation de tantième ; la masse du lin n'a pas varié. Tout article nouveau forme un nouveau tantième qui prend sur les autres tantièmes. Par contre, tout article aban-donné, démodé, est un tantième qui disparaît ou qui décroît au profit des autres tantièmes.

Si le blé vient à abonder, l'unité blé vaut moins qu'auparavant; si le blé devient rare, l'unité blé vaut plus qu'auparavant. C'est une variation de valeur produite par une variation de masse ; le tantième blé n'a pas varié.

Produite par une variation de tantième ou par une variation de masse, toute variation de valeur déter-mine forcément autour d'elle des variations de va-leur en sens opposé, et si bien que les variations étant exactement inverses les unes des autres, elles se neutralisent réciproquement au sein de la grande unité de valeur, l'inventaire général. En d'autres termes, un bien ne peut valoir davantage sans que tous les autres, sans aucune exception, vaillent moins par rapport à lui ; il ne peut valoir moins sans que tous les autres vaillent davantage. On ne peut augmenter d'un côté sans diminuer de l'autre et réciproquement.

C'est comme pour le partage d'une succession : on peut faire varier le nombre des branches ou les tantièmes dévolus aux différentes branches, ou le nombre des têtes ayant à sous-partager chaque tantième. Mais comme l'addition de toutes les parts quelle que soit la répartition et quelle que soit l'augmentation ou la diminution survenue dans les biens composant la succession, doit toujours reproduire l'unité de valeur de cette succession, il est de toute certitude qu'on ne peut changer les parts de certaines têtes sans altérer le rapport de valeur entre chacune de ces parts et le tout, entre chacune de ces parts et chacune des autres parts.

CHAPITRE IV

L'ÉVALUATION MONÉTAIRE

Par les variations des tantièmes et des masses tous les biens changent à chaque instant de valeur. A tout instant il faut se rendre compte de la nouvelle valeur de chaque bien.

Or, l'évaluation directe de chaque bien par chaque bien est une opération presque impossible. Qu'on prenne des biens différents et qu'on précise, si on le peut, combien de fois chacun de ces biens valait et combien de fois il vaut actuellement chacun des autres.

La monnaie simplifie tout : au lieu d'évaluer

chaque bien par chaque bien, on évalue tous les biens par un seul. La monnaie est le bien évaluant; tous les autres biens sont des biens évalués.

Pour savoir combien chaque bien vaut ou valait de n'importe quel autre bien, il suffit-de comparer l'une à l'autre la valeur de chaque bien exprimée en monnaie.

Et la monnaie, que vaut-elle?

Toute comparaison exige la présence de deux termes, car une chose ne peut être comparée à elle-même. Or, toute évaluation étant une comparaison, (comparaison entre deux utilités) aucun bien ne peut être évalué par lui-même. Le blé ne peut pas être évalué par le blé même, ni le fer par le fer même. La monnaie non plus ne peut pas être évaluée par la monnaie même.

Valoir ne signifie pas seulement valoir de la monnaie; valoir signifie valoir de toute chose. Chaque bien valant de toute chose vaut aussi de la monnaie, et par contre, la monnaie valant de toute chose, sa valeur est donnée par chacune des autres choses.

On se rend un compte exact de la valeur du bien-monnaie si on oublie qu'il est monnaie. S'il n'existait plus aucune monnaie, on emploierait chaque bien pour évaluer chaque bien ; on évaluerait aussi par chaque bien le bien qui aurait cessé d'être monnaie. Or, précisément, on ne fait journellement qu'évaluer le bien-monnaie par chaque bien toutes les fois qu'on évalue en monnaie un autre bien. Quand on dit qu'un sac de blé vaut vingt ou trente de monnaie, on dit du même coup qu'un de monnaie vaut un vingtième ou un trentième de sac de blé ; quand on dit que quatre surfaces de sol cultivé valent un de monnaie, on dit du même coup qu'un quart de monnaie vaut une surface de sol cultivé.

Dans n'importe quel mesurage, le mesuré contre-mesure le mesurant ; dans n'importe quelle évaluation, sans la monnaie ou par la monnaie, le bien évalué, quel qu'il soit, contre-évalue toujours le bien évaluant.

CHAPITRE V

L'ÉCHANGE DÉDOUBLÉ PAR LA MONNAIE

Le besoin absolu qu'on a de posséder simultané—
ment plusieurs biens fait qu'on les évalue les uns
par les autres. Le même besoin fait qu'on les échange
les uns contre les autres. On se hâte de céder du
bien qu'on a pour obtenir du bien qu'on n'a pas.
Mais de même que l'évaluation directe de chaque
bien par chaque bien est une évaluation presque
impossible, l'échange direct de chaque bien contre
chaque bien, ou le troc, est un échange presque
impraticable.

Ainsi, par exemple, une personne qui a du

blé et qui désire le troquer contre une maison doit attendre qu'une autre personne se rencontre ayant précisément besoin de blé, et désirant précisément aliéner une maison. Puis, si la maison paraît valoir plus ou moins que le blé, afin d'équilibrer le marché, il faudra ajouter à la maison ou au blé d'autres objets tels que des arbres, des animaux, qu'on cédera ou qu'on recevra probablement contre son gré.

L'emploi de la monnaie fait disparaître ces inconvénients. Le propriétaire du blé commence par échanger le blé contre de la monnaie, puis il échange ailleurs la monnaie contre la maison. Ce sont deux échanges au lieu d'un. Mais grâce à ce dédoublement on peut effectuer des échanges innombrables sans attendre le hasard d'une coïncidence presque impossible de besoins inverses et réciproques; grâce à ce dédoublement, on peut céder et acquérir toute sorte de bien par quantités très-exactes et sans qu'il faille jamais établir l'équivalence du marché par l'introduction d'objets qui lui sont étrangers.

Ainsi, la monnaie est de moitié dans tout échange. La monnaie est le bien choisissant. Tous les autres biens sont des biens choisis.

S'il n'y avait pas de bien choisissant, l'industriel ne pourrait se procurer ses matières premières, ses instruments, que le jour où ceux qui peuvent les lui fournir auraient justement besoin du seul bien qu'il peut donner, son produit. S'il n'y avait pas de bien choisissant, tous ceux qui vivent d'honoraires seraient rétribués avec des biens choisis dont ils devraient se défaire au plus vite à n'importe quelle condition. Les heures et les jours ne suffiraient pas à chercher, solliciter, offrir, combiner des trocs! Quel travail et quel mauvais travail!

CHAPITRE VI

LES CAPITAUX FORMÉS PAR LA MONNAIE

L'inventaire général peut-être comparé à un grand bazar. Il est plein de marchandises; on le voit, mais on ne sait pas ce qu'il vaut. Pour le savoir il faut procéder à l'évaluation. Une fois l'évaluation faite, l'inventaire général a une valeur d'ensemble, c'est un capital, c'est-à-dire un bien dont on peut diviser et subdiviser la valeur en fractions sans toucher matériellement aux différents biens qui le composent.

Toutes les fractions du capital général sont donc autant de capitaux. Un capital n'est ni fer, ni or, ni sol cultivé ; un capital est une part, une action, un lot du capital général ; et l'instrument qui sert à former les capitaux est la monnaie.

Si l'inventaire général évalué en or donne un capital de 500,000, il est certain que la quantité d'un pesant d'or vaut un cinq cent millième du capital général.

C'est là la base de tous les prêts et du commerce des capitaux. L'emprunteur reçoit un d'or, il est avec ce un d'or à la tête d'un cinq cent millième, à son choix, du capital général. Il achète ce qu'il veut, et fait son affaire.

Quand le prêt expirera, il devra aliéner un cinq cent millième quelconque du capital général pour se procurer le un d'or qu'il rendra au prêteur.

S'il n'y avait pas de monnaie, il y aurait des biens, mais il n'y aurait point de capitaux. Il faudrait prêter les biens en nature. Prêter du bois, prêter du fer, puis, à la fin du prêt, redevenir possesseur de bois et de fer dont on n'a pas l'emploi, et qui, presque toujours, seraient du bois et du fer différents. Et pour l'emprunteur quel embarras ! Il devrait : ou trouver à emprunter exactement les choses dont il a besoin, ou emprunter des choses quelconques pour ensuite tenter de les troquer ailleurs contre les choses qu'il recherche. Et plus tard, pour restituer, comment et par quels sacrifices retrouver des choses identiques à celles qu'il a empruntées ?

CHAPITRE VII

LA CIRCULATION PAR LA MONNAIE

———

Tous les contrats indistinctement sont des échanges. On échange des biens contre des biens.

Par la vente, on échange un bien évalué contre le bien-monnaie.

Par le bail ou par le prêt, on échange un bien immeuble actuel ou un capital actuel contre le même immeuble, ou contre un égal capital dans l'avenir, avec addition des loyers ou des intérêts payables en bien-monnaie.

Par le louage d'industrie ou contrat de travail, on échange par voie d'abonnement les biens évalués qu'on produira ou qu'on pourrait produire périodiquement contre des honoraires périodiques payables en bien-monnaie.

Par le mandat, ou par le transport de marchandises, on échange du bien-monnaie contre la plus-value, c'est encore un bien, que la gestion ou le transport ajoutent à d'autres biens.

Par le contrat de Société, on échange un bien capital individuel contre une part de bien capital social.

Il en est de même dans tous les contrats.

Une fois le contrat conclu, il faut, au moment fixé, l'exécuter, il faut livrer, et c'est ainsi que se produit la circulation.

La circulation d'un chemin de fer ne consiste pas dans le va-et-vient du matériel roulant, des voitures, mais dans le mouvement des passagers et des marchandises qui vont d'un endroit à l'autre. De même, sur le terrain de l'échange, la circulation ne consiste pas dans le va-et-vient du bien roulant, la monnaie, mais dans la transmission de tous les biens évalués, les meubles, les immeubles, les denrées, les capitaux qui passent d'une main à l'autre.

La voiture est nécessaire pour la circulation des passagers et des marchandises; aussi on en paye l'usage au guichet des stations. La monnaie est nécessaire pour la circulation de tous les autres biens; aussi on en paye l'usage en supportant son improductivité pendant tout le temps qu'on la garde, c'est-à-dire en perdant les intérêts sur toutes les sommes qu'on a en main. La monnaie ne produit aucune plus-value rémunératrice; elle est stérile.

Stérile mais nécessaire, et c'est cette combinaison de stérilité et de nécessité qui donne à la monnaie, au matériel roulant de l'échange, une si grande vitesse et une si grande disponibilité. On peut toujours s'en défaire si on la donne pour ce qu'elle vaut, car tout le monde en a besoin; on peut toujours la trouver, si on en donne ce qu'elle vaut, car personne ne veut la garder.

CHAPITRE VIII

LE PAYEMENT ÉCONOMIQUE SUR PLACE

CAISSES DE DÉPOT — CHÈQUES
RECONNAISSANCES AU PORTEUR — COMPENSATIONS

La monnaie rend de grands services, elle évalue, elle choisit, elle roule tous les biens, et elle forme les capitaux; mais sa stérilité la rend dispendieuse; il faut donc en employer le moins possible. Dans ce but on a imaginé les payements économiques.

Une caisse de dépôt réunit les provisions monétaires d'un grand nombre de clients et fait pour eux tous leurs encaissements et tous leurs payements. Quand le client a un payement à faire, il fournit un

chèque-mandat à vue sur la caisse de dépôt. Il reçoit lui-même en payement de ces mêmes chèques-
mandats à vue et il les verse de suite à la caisse
de dépôt. De cette façon, le client arrive à employer
les encaissements de chaque jour, à faire les payements de la même journée, tandis que auparavant il
lui fallait payer avec de la monnaie préparée d'avance.
Évidemment la caisse de dépôt fait que chaque client
a besoin d'une provision monétaire moins considérable.

Si le client doit payer à quelqu'un qui est client
de la même caisse de dépôt, au lieu de fournir le
chèque-mandat qui fait payer au dehors, il fournit
un chèque-virement également à vue qui fait payer
au dedans, c'est-à-dire que le client ordonne à la
caisse de transporter au compte de l'autre client une
portion de son dépôt. La monnaie change ainsi de
propriétaire sans changer de place.

Les caisses de dépôt ont pris un grand développement dès l'époque, maintenant éloignée, où l'on
altérait les monnaies. A chaque altération éclataient
des contestations entre débiteurs et créanciers. Fallait-il payer en monnaie altérée les anciennes dettes,

ou fallait-il tenir compte de la moindre valeur de chaque pièce de monnaie? Ces contestations devenaient impossibles si, au moment du contrat, on prenait la précaution de stipuler que tous les payements se feraient en métal pur, sans avoir égard aux altérations monétaires.

Les caisses de dépôt tenaient donc tous leurs comptes en métal pur. On y déposait ce métal et on en disposait ensuite par des mandats ou des virements. En déposant le métal pur, on pouvait aussi ne retirer que des billets au porteur, ou reconnaissances d'or déposé ; les porteurs de ces reconnaissances étaient propriétaires de l'or déposé, or qui était constamment, réellement et totalement présent dans le trésor de l'établissement, trésor appelé sacristie pour indiquer que les dépôts étaient sacrés.

Chèques-mandats, chèques-virements, reconnaissances de dépôt au porteur, sont des procédés qui accélèrent et qui concentrent les mouvements monétaires. Un grand matériel roulant n'est plus nécessaire, grâce aux caisses de dépôt.

Les chambres de compensation sont fondées dans

le même but: encaisser et payer beaucoup avec le moins de monnaie possible.

En outre des transactions au comptant, on fait sur les marchés d'effets publics des contrats à terme; les titres qu'on achète et qu'on vend seront livrés et payés à l'expiration de la quinzaine ou du mois. Pour acheter et pour vendre, on s'adresse à des agents spéciaux qui sont garants des opérations et qui sont réunis en chambre de compensation. Chaque agent exécute les ordres de ses clients en achetant et en vendant, quelquefois à ses autres clients, le plus souvent aux autres agents ses collègues.

A l'expiration de la quinzaine ou du mois, il faut effectuer tous les payements. C'est aux agents que les clients acheteurs payent, c'est d'eux que les clients vendeurs reçoivent le montant des titres négociés. Souvent le client a opéré avec plusieurs agents. De l'un il a acheté, à l'autre il a vendu. Il doit donc verser une somme au premier et il doit recevoir une somme du second. Le client qui se trouve dans ce cas, désireux d'économiser les payements, s'acquitte envers l'un au moyen du payement qui lui est dû par l'autre. A cet effet, il livre à l'agent son créancier une

délégation sur l'agent son débiteur, jusqu'à concurrence des sommes dues ; le surplus se règle en argent, et ordinairement par un mandat ou par un
virement sur une caisse de dépôt.

Les agents se réunissent alors en chambre de
compensation. Chacun y arrive avec les délégations
que ses clients viennent de lui verser en payement et
que les autres agents doivent payer. Toutes les délégations se trouvent en présence. Les agents ont tous
ou presque tous à payer, ils ont tous ou presque tous
à recevoir. Tout cela au même instant, et c'est ce qui
les met à même d'établir une compensation réci-
proque et générale.

En définitive chacun ne paye ou ne reçoit matériellement que la différence entre la somme de
toutes les sommes qu'il aurait à payer, et la somme
de toutes les sommes qu'il aurait à recevoir.

Pour chaque agent, la chambre de compensation
représente pour un moment tous les autres agents
comme s'ils n'étaient qu'une seule personne. Toutes
les dettes et toutes les créances se confondent et
s'éteignent mutuellement. Il ne reste que des soldes
à verser.

Ce mode de payement par compensation prend un grand développement si les caisses de dépôt d'une même ville ont l'habitude de se réunir en chambre de compensation pour se remettre réciproquement ce qui équivaut aux délégations, c'est-à-dire les mandats et les virements sur les différentes caisses que chaque client a pu recevoir en payement et qu'il a versés à sa caisse de dépôt.

La compensation est un mode de payement prévu par toutes les législations; mais ni la compensation, ni les chèques, mandats ou virements, ni la délégation ne sont des opérations de crédit. Crédit à qui? Tout se fait dans la journée. Ce ne sont là que des payements économiques.

On n'entre pas dans le matériel roulant pour y rester, on ne veut point posséder la monnaie pour la garder ni pour la transformer. Aussi s'empresse-t-on de compenser les payements quand l'occasion s'en présente. L'opération du reste est très-facile, parce que l'argent de l'un ne diffère en rien de l'argent de l'autre. C'est autre chose pour les biens évalués. Le plus souvent, on en devient possesseur pour les garder ou pour les détruire. L'occasion d'une compensation se présente rarement ; puis, comment s'assurer de l'identité de qualité entre les biens qu'on compenserait ? Il se peut cependant qu'on ait nominativement vendu l'objet qu'on a acheté. Alors, on compense, c'est-à-dire qu'on abrége les mouvements, et le premier acheteur ordonne à son vendeur de livrer directement au second acheteur.

Mais il y a une matière autre que la monnaie qui se prête aux compensations, ce sont les fonds publics. Les titres sont identiques. Aussi les agents qui forment la chambre de compensation sur les marchés de fonds publics compensent entre eux les titres livrables au même jour, se servant des mêmes procédés qu'ils emploient pour les compensations monétaires.

CHAPITRE IX

LE PAYEMENT ÉCONOMIQUE A DISTANCE

LA LETTRE DE CHANGE — LES DEVISES

La compensation se fait, pour ainsi dire, de la main à la main, entre des sommes payables au même jour sur la même place; mais il n'est pas possible de compenser ainsi des payements qui ont lieu sur deux places différentes.

De place à place, il ne se fait que des compensations indirectes au moyen de la traite ou lettre de change.

Un commerçant du Midi qui est créancier du Nord, soit pour des marchandises expédiées, soit pour un emprunt qu'il y a négocié, au lieu de faire venir l'argent du Nord, fait traite sur son débiteur et vend la traite. Qui l'achète? un autre commerçant du Midi qui se trouve devoir au Nord, et qui, au lieu d'envoyer de la monnaie, remet la traite à son créancier du Nord. Ce dernier est ainsi payé chez lui et justement avec l'argent que son voisin aurait dû expédier au Midi.

Deux chaises de poste qui se rencontrent à moitié relais détellent et font l'échange des chevaux. On profite de la rencontre pour abréger réciproquement les deux courses. La traite ou lettre de change fait plus qu'abréger, elle supprime en entier les deux transports de monnaie qu'il aurait fallu effectuer pour éteindre la dette du Nord envers le Midi, et celle du Midi envers le Nord.

Mais ni le Midi ni le Nord ne se bornent à commercer entre eux, ils sont aussi en relation avec l'Orient et avec l'Occident. Chaque point cardinal a ou peut avoir pour créanciers et pour débiteurs les trois autres points cardinaux, exactement comme dans la chambre de compensation chaque agent a ou peut avoir pour débiteurs et pour créanciers tous ses collègues. Peut-on compenser les dettes et les créances entremêlées de toutes les parties du monde? Oui, et c'est le travail des banquiers.

Le commerçant du Midi qui a un débiteur dans le Nord fait traite sur le Nord. Cependant, comme ce serait une perte de temps pour lui de se mettre en quête d'un autre commerçant qui ayant un créancier dans le Nord, pourrait acheter la traite; il s'adresse à un commerçant spécial, le banquier, qui fait métier d'acheter les traites aux uns et de les vendre aux autres. Le banquier du Midi achète donc la traite sur le Nord, mais il ne trouve pas toujours un commerçant sur place qui en ait besoin. Si le Midi ne doit rien au Nord, la traite sur le Nord n'a pas de preneur. Que fait le banquier? Il sait que l'Occident doit de l'argent au Nord. Sans retard, il fait remise à l'Occident de la traite sur le Nord. Que si l'Occident vient d'exporter des marchandises pour le Midi, le voilà payé et payé précisément avec la traite sur le Nord, qui lui convient à merveille. Mais si l'Occident n'est pas créancier envers le Midi, il lui doit un payement pour la traite sur le Nord qu'il vient de recevoir. Il se peut que l'Occident soit créancier de l'Orient ; il tire alors une lettre de change sur l'Orient et l'envoye en payement au Midi. Que si le Midi se trouve devoir à l'Orient, il n'a, pour s'acquitter, qu'à lui remettre la lettre de change qui vient de lui arriver de l'Occident, et tous les quatre points cardinaux se trouvent indirectement compensés.

On classe les lettres de change par devises. Ce qu'on appelle une devise n'est autre que le nom de la ville qui doit payer.

Chaque devise comprend toutes les lettres de change qu'on tire, de n'importe quel pays, sur la ville dont elle porte le nom.

Les banquiers échangent entre eux les devises, comme les agents échangent les délégations. Les banquiers forment comme une grande chambre de compensation permanente entre tous les pays. Pour chaque pays, tous les autres pays n'en font qu'un, et de cette façon chaque pays n'exporte ou n'importe de monnaie que la différence entre la valeur de toutes les marchandises ou titres importés et la valeur de toutes les marchandises ou titres exportés. C'est comme l'agent qui, dans la chambre de compensation, ne paye qu'un seul solde à tous ses collègues pris ensemble.

Si la lettre de change n'était que directe entre deux pays, si la devise ne pouvait pas voyager dans tous les pays, chaque pays aurait des soldes très-nombreux avec les différents pays, et il faudrait les payer ou les recevoir par de nombreuses expéditions de monnaie.

Sur place, on compense instantanément, mais il faut du temps pour franchir la distance qui sépare deux pays. C'est pour ce motif que généralement la traite n'est pas tirée à vue comme le mandat, le virement ou la délégation, et qu'elle est ordinairement payable dans quelques jours ou dans quelques semaines.

Dans les quelques jours ou quelques semaines d'existence qu'on lui donne, la traite peut se rendre où le besoin de compensation l'appelle, elle fait sa tournée, elle apure les comptes entre les différents pays, elle éteint le doit par le devoir, et à chaque port de lettre elle gagne un voyage de métal; puis, à son heure, elle est acquittée, elle disparaît. Une existence plus courte n'aurait pas suffi, une existence plus longue n'aurait pas de raison d'être, car on ne compense que les sommes à payer et à recevoir présentement ou très-prochainement. Pour les besoins ultérieurs, il renaît de nouvelles traites.

La lettre de change ne circule point pour alimenter le crédit, mais pour supprimer des transports de monnaie, pour compenser ce que les pays se doivent mutuellement. La lettre de change n'est qu'un payement économique; et, comme tel, les avantages qu'elle assure sont si importants qu'on s'est unanimement appliqué, dans tous les pays, à l'entourer de toutes les garanties que la prévoyance humaine peut imaginer. Tous ceux qui mettent leur signature sur une lettre de change en garantissent solidairement le payement, et ils le garantissent avec toute leur fortune et avec tout leur honneur. Si on faillit à payer une lettre de change, on perd le droit de tenir une caisse; on est perdu. Tous les législateurs ont fait de la lettre de change une chose sacrée; c'est de l'or à distance.

Le tiré, celui qui accepte de payer une lettre de change, se constitue caissier. On compte sur sa fidé_lité. Comme tout caissier, il n'est innocent que si la caisse est forcée, si on le vole lui-même. Mais s'il n'est pas volé, il est coupable, il est banqueroutier.

CHAPITRE X

DU CHANGE

La nature donne gratuitement ses trésors, mais il faut les prendre; c'est déjà un transport. La houille, qui ne coûte rien avant d'être extraite, a acquis un prix quand elle est sur le carreau de la mine, elle en a un plus grand quand elle est arrivée à destination. Il y a toujours différence de valeur entre deux biens égaux mais situés à distance et qu'on veut rapprocher, car le bien qui doit être transporté revient à plus haut prix quand il est arrivé que le bien qui n'a pas changé de place. Il en est de la monnaie comme des autres biens.

Il y a équivalence absolue entre deux sommes égales, l'une à payer, l'autre à recevoir le même jour sur la même place. Aussi, la compensation sur place est-elle entièrement gratuite de part et d'autre. C'est autre chose quand il s'agit de compenser des sommes payables sur deux places différentes, car il y a entre elles une distance qu'on ne peut franchir qu'à grands frais de transport et d'assurance. Il est vrai que la lettre de change économise ces frais ; mais entre le vendeur et l'acheteur de la lettre de change, il s'agit précisément de décider comment on partagera le bénéfice de cette économie. Le plus ou moins qu'on donne ou qu'on reçoit de ce bénéfice, c'est le prix du change.

L'élément décisif pour l'établissement du prix du change est l'abondance ou la rareté des devises. Si, au moment du contrat, une devise est recherchée, le vendeur peut la vendre plus cher ; si elle est offerte, l'acheteur l'obtient à meilleur marché ; mais ni le cher ni le bon marché ne peuvent produire un prix de change qui excède les frais qu'on subirait en faisant l'expédition matérielle de la monnaie.

L'abondance ou la rareté d'une devise dépendent

de plusieurs circonstances. Au Midi, la devise Nord peut abonder sans que le Midi ait expédié aucune marchandise au Nord. Il suffit que l'Orient ou l'Occident aient payé leurs dettes au Midi en lui remettant des traites sur le Nord. De même, le Midi pourrait avoir vendu beaucoup de marchandises au Nord, puis avoir payé ses dettes à l'Orient et à l'Occident avec des traites sur le Nord ; le marché du Midi se trouverait alors dégarni de traites sur le Nord, bien qu'il lui eût expédié une grande quantité de denrées. Quand la devise Nord abonde dans le Midi, et que par contre la devise Midi est rare dans le Nord, on dit que le change est défavorable au Nord et favorable au Midi, parce que la traite sur le Nord est cotée à bas prix dans le Midi, et que la traite sur le Midi est cotée à haut prix dans le Nord.

Quelle serait la situation du négociant si le change n'existait pas? Il lui faudrait d'abord laisser arriver à destination les marchandises qu'il expédie, puis laisser mettre en route la monnaie qui doit le payer et en attendre l'arrivée. Il trouve bien plus commode de faire une traite et de la vendre au change du jour.

Mais si la traite supprime réellement le voyage de la monnaie, elle ne supprime nullement le voyage des marchandises. C'est un délai inévitable qui est nécessairement à la charge du négociant expéditeur. Si donc ce négociant veut faire argent d'une marchandise qu'il expédie et qui ne sera payée que plus tard, c'est à lui à payer le délai. Il le paye, en effet, sous forme d'escompte et en sus du change, quand il vend sa traite, mais il le paye à bon escient, car en faisant le prix des marchandises, il a tenu compte de tous les frais y compris cet escompte, il s'en est remboursé par avance; il ne perd donc rien de ce chef. Il gagne au contraire, puisqu'il rentre en possession du bien roulant, de la monnaie, ce qui lui permet de renouveler immédiatement son opération commerciale. Le négociant dont le capital est cent, bien évaluant et biens évalués compris, peut, grâce au change, effectuer des affaires pour mille dans une année, au lieu que, sans le change et sans l'escompte, il n'en aurait peut-être fait que pour deux ou trois cents.

En payant le prix du change, ce négociant n'a payé en réalité qu'une portion des frais de transport

de la monnaie ; en payant l'escompte, il n'a payé que
ce qu'il fait payer à l'acheteur des marchandises.
Par le prix du change et par l'escompte combinés, il
suffit à ses opérations avec une moindre encaisse et
avec un moindre capital. Double profit.

CHAPITRE XI

L'INTÉRÊT

Le travail est un art. Il conserve, augmente et améliore l'inventaire général. Cet art procède par destruction. Aliments, vêtements, instruments, matières de toute sorte, le travail détruit des biens immenses, mais il en produit d'autres encore plus immenses.

Il n'y a destruction définitive, amoindrissement de l'inventaire général que si on ne travaille pas où si on travaille mal. Or, le genre humain pris en masse travaille et travaille bien. Il est manifeste que l'œuvre de production l'emporte sur l'œuvre de destruction. Les cultures, les édifices, les voies de com-

munication, les machines se multiplient et s'amé—
liorent tous les jours. Les générations qui surviennent
profitent du travail des générations qui s'en vont.
Elles trouvent un inventaire de plus en plus aug—
menté. Leur labeur est moins rude, leur tâche est
moins difficile.

Conservé, amélioré et transmis par le travail,
l'inventaire général, à moins de cataclysme, est donc
perpétuel.

Les poissons vivent de poissons et se perpétuent,
les valeurs vivent de valeurs et se perpétuent. Le
capital renaît de ses cendres.

La terre est réputée perpétuelle, mais elle ne l'est
ni plus ni moins que les autres biens, car la terre
sans travail, sans destruction d'autres biens ne serait
qu'un espace éternellement inutile et par conséquent
sans valeur. Pour conserver la valeur de la terre,
il faut détruire les engrais, les charrues, les bes—
tiaux, les semences et tout ce que réclame l'entre—
tien des agriculteurs. La chose conservée est la terre,
mais l'utilité conservée provient de l'ensemble de
biens qu'on a mis dans la terre. Ce n'est donc pas
matériellement bien par bien que l'inventaire général

est perpétuel, mais en tant que valeur d'ensemble, en tant que fonds, en tant que capital général.

Perpétuel dans son entier, le capital général est nécessairement perpétuel dans ses parties ; les deux moitiés, les quatre quarts, les cent centièmes, les mille millièmes du capital général sont autant de capitaux perpétuels.

Si les capitaux actuels sont perpétuels, les capitaux futurs le sont aussi, avec cette différence évidente que la perpétuité des capitaux actuels commence aujourd'hui et que la perpétuité des capitaux futurs commencera plus tard. Comparativement aux capitaux actuels, les capitaux futurs ont donc une perpétuité moins longue. Perpétuité moins longue veut dire utilité moins longue ; utilité moins longue veut dire utilité moindre : et comme c'est l'utilité qui fait la valeur, comme c'est le plus ou le moins d'utilité qui fait le plus ou le moins de valeur, il s'ensuit que les capitaux futurs valent actuellement moins que les capitaux présents.

Pour établir la parité de valeur entre le capital futur et le capital présent, il faut que le capital futur soit plus grand que le capital présent. De cette façon, l'infériorité de durée est corrigée par la supériorité de quantité. Tout ce qu'il faut en plus au capital futur pour valoir présentement autant que le capital actuel, c'est l'intérêt. L'intérêt est donc une valeur différentielle entre la valeur présente et la valeur future, c'est la valeur de ce qui est entre deux, de l'intervalle : *Inter-est.*

CHAPITRE XII

MESURAGE DE L'INTÉRÊT

LE TAUX ANNUEL

Que vaut actuellement le capital futur? Que vaudra dans l'avenir le capital actuel? Comment chiffrer l'intérêt?

Un troupeau de moutons peut doubler en trois ans. Doublé en trois ans, il double encore après trois autres années; donc il quadruple en six ans. Faisant abstraction des frais généraux, on peut donc dire qu'il y a présentement parité de valeur entre 100 moutons actuels, 200 moutons dans trois ans et 400 moutons dans six.

Il est donc évident que si on double le délai, la différence de valeur entre le présent et le futur fait plus que doubler. Pourquoi? Le troupeau actuel vaut plus que le troupeau futur, c'est un capital doué d'une plus longue perpétuité, il a plus d'utilité; mais l'utilité donne des résultats à chaque instant, et ces résultats sont une seconde utilité qui s'ajoute à la première pour en produire une troisième plus grande, et ainsi de suite, jusqu'à la fin du délai. Troupeau ou capital, la marche est la même; la différence de valeur entre le présent et le futur va toujours en grossissant, l'intérêt est progressif.

Pour connaître la valeur actuelle d'un capital futur, il faut donc en déduire un intérêt progressif. Dans l'exemple du troupeau de moutons, pour obtenir la valeur actuelle des moutons qu'on aura dans trois ans, il faut en déduire la moitié, et pour obtenir la valeur actuelle des moutons qu'on aura dans six ans, il faut en déduire les trois quarts. Réciproquement, pour connaître la valeur future d'un capital présent, il faut ajouter un intérêt progressif à sa valeur actuelle : cent pour cent pour connaître la valeur qu'aura au bout de trois ans le troupeau actuel, et trois cents pour cent pour la valeur après six ans.

Mais les données varient à l'infini, mais la rapidité de l'accroissement ou progression de l'intérêt peut être plus ou moins grande, mais le délai qui sépare les deux capitaux peut être plus ou moins considérable, et ce n'est point un calcul facile que de trouver d'emblée, pour chaque progression et pour chaque délai, la différence en bloc entre la valeur présente et la valeur future.

On évite ces difficultés de calcul au moyen de l'intérêt annuel : au lieu de dire que l'accroissement des moutons est de 100 pour cent tous les trois ans, ou de 300 pour cent tous les six ans, on dit que cet accroissement est de 26 pour cent par an. On n'énonce là rien de différent; car, à raison de 26 pour cent par an (ces 26 pour cent se reproduisant à leur tour), le troupeau croît réellement de 100 pour cent en trois ans, et de 300 pour cent en six ans; mais on énonce une chose plus claire et plus saisissable.

Même méthode pour le calcul des intérêts de tous les capitaux; au lieu de dire qu'un capital s'accroît à raison de 100 pour cent en dix-huit ans, on dit qu'il s'accroît à raison de 4 pour cent tous les ans;

au lieu de dire qu'il s'accroît à raison de 50 pour cent tous les sept ans, on dit qu'il s'accroît à raison de 6 pour cent tous les ans; au lieu de dire qu'il s'accroît à raison de 20 pour cent tous les six ans, on dit qu'il s'accroît à raison de 3 et 1/8 pour cent chaque année, etc.

Le taux annuel est donc une raison évaluatrice de la progression de l'intérêt : c'est une monnaie, la monnaie du temps.

Comme une véritable monnaie, le taux annuel remplit une double fonction, il évalue et il paye. Au lieu d'échanger des capitaux présents contre des capitaux futurs plus considérables, on échange des capitaux présents contre des capitaux futurs identiques, et la différence de valeur, qui est évaluée par le taux annuel, on la paye chaque année.

Soit un capital de 100,000. A raison de 100 pour cent, il vaudra 200,000 au bout de dix-huit ans. Évaluée par le taux annuel, cette progression donne 4 pour cent l'an, c'est-à-dire une annuité de 4,000. L'emprunteur, en payant annuellement 4,000, se trouve ne devoir à la fin des dix-huit ans que 100,000, au lieu de 200,000; c'est comme s'il prétait lui-même 4,000 tous les ans à son prêteur, à raison do 100 pour cent tous les dix-huit ans, ou de 4 pour cent l'an. Prêtant ainsi 4,000 tous les ans, il deviendrait, en effet, à l'expiration des dix-huit ans, créancier lui-même de 100,000, de ces mêmes 100,000 qu'il aurait à payer le même jour à titre d'intérêt final, s'il ne payait point d'intérêt annuel.

On voit que l'intérêt, toujours progressif, est également progressif pour et contre le prêteur, pour et contre l'emprunteur. Par les intérêts payés annuellement il s'établit entre eux comme un compte courant où l'intérêt est calculé des deux côtés, suivant la même progression.

On voit aussi que c'est à tort que tantôt on se récrie contre l'intérêt cumulé, composé ou progressif, ce qui est la même chose; que tantôt on en admire la puissance grossissante. Ce qu'on appelle intérêt simple est lui-même de l'intérêt cumulé, composé, progressif; il n'y en a pas d'autre.

Si on ne se servait pas du taux annuel pour évaluer la différence progressive de valeur entre le présent et le futur, il faudrait : où bien faire à chaque transaction des calculs algébriques et logarithmiques assez longs et compliqués ; ou bien se contenter de quelques supputations approximatives.

Moyen d'évaluation très-simple et facile, le taux annuel est encore avantageux comme moyen de libération. Pour l'emprunteur, le payement d'une annuité est plus commode que ne le serait un gros payement final, et pour le prêteur, il vaut mieux recevoir des payements périodiques qu'un seul payement plus considérable, mais longtemps attendu.

L'intérêt payé annuellement a encore l'avantage de ne point rendre insuffisant, avec le temps, le gage fourni pour réaliser un emprunt. Tel immeuble hypothéqué peut suffire à garantir un prêt sur lequel on paye annuellement 4 pour cent; mais il faudrait un immeuble plus important pour garantir le même prêt si l'intérêt n'était payé que tous les dix-huit ans à raison de 100 pour cent.

CHAPITRE XIII

APPLICATIONS DE L'INTÉRÊT

Vente — Loyer — Rente perpétuelle ou temporaire — Amortissement — Intérêt en dedans et en dehors.

Qu'on le dise ou qu'on le sous-entende, toutes les fois qu'on échange des biens livrables à différentes échéances, on tient toujours compte de l'intérêt. La marchandise payable à terme est plus chère que la marchandise payée comptant. L'ouvrage payé d'avance coûte moins que l'ouvrage payé après coup. Il est très-facile d'augmenter le prix de la marchandise à terme ou de baisser le prix anticipé de l'ouvrage pour tenir compte de l'intérêt. On évite un calcul séparé, et on a d'autant plus raison d'en agir ainsi, que dans ces sortes de contrats, le délai est presque toujours assez court.

Mais quand on échange un bien ou un capital présent contre le même bien ou contre un égal capital futur, l'intérêt ne peut plus se confondre avec le prix, il faut le stipuler et le payer à part.

Par le contrat de bail, on échange l'immeuble actuel contre le même immeuble dans l'avenir. Si, à fin de bail, on rendait un immeuble plus grand, on ne payerait rien pendant la durée du bail ; mais comme on rend le même immeuble, on supplée au manque d'agrandissement final par le loyer annuel. On pourrait cependant, si les parties en convenaient, supprimer le loyer annuel et payer à la fin cet agrandissement final dont le loyer tient lieu. Louer ou prêter 100,000 à 6,000 par an ou à 50,000 par sept ans est une égale opération. Car à raison de 6 pour cent l'an, les 100,000 augmentent de 50,000 au bout de sept ans.

Les capitaux étant perpétuels, si on veut les emprunter et ne jamais les rendre, on est tenu à servir une rente perpétuelle. D'un côté, on livre, par exemple, un capital actuel de 100, et de l'autre on servira à perpétuité une somme annuelle de 4. La rente perpétuelle paye la différence progressive de valeur qui existe entre un capital gardé et un capital perdu.

A la différence annuelle qui serait perpétuelle on peut vouloir ajouter une somme annuelle toujours égale pour en faire cesser la perpétuité au bout d'un certain temps, en d'autres termes pour rembourser le capital.

Soit un capital prêté de 100 contre une rente perpétuelle de 4. Plus tard on stipule qu'au lieu de 4 on payera une annuité de 6, à condition que les 2 ajoutés iront en déduction du capital 100. Naturellement, au bout d'un certain temps, les 100 se trouveront remboursés. Si on payait pendant 50 ans les 2 ajoutés, on rendrait beaucoup trop, car la restitution du premier à-compte de 2 a lieu dès la fin de la première année et commence déjà à réduire le capital. Au bout de la seconde, on n'a donc à payer 4 pour cent que sur 98, ce qui fait 3.82 ; mais comme on continue à payer une annuité de 6, le second à-compte se trouve être plus grand que le premier ;

il est de 2.18, reste de l'annuité 6, après avoir employé 3.82 aux intérêts.

Chaque année, les intérêts 4 pour cent ne sont donc payés que sur une somme moindre, et chaque année on restitue un a–compte plus considérable. En arrivant à la fin de la 27ᵉ année, on se trouve ne plus devoir qu'un capital résidu de 5.76. Au bout de la 28ᵉ année, on rembourse ce capital de 5.76 plus 0.24, intérêt à 4 pour cent qui lui reviennent pour l'année, en tout 6, comme les années précédentes, et l'opération est terminée.

En payant 2 pour cent, en sus des 4 pour cent, pendant 28 ans, la somme de 100 est remboursée et on a toujours payé, jusqu'à la fin, 4 pour cent d'intérêt sur ce qu'on restait devoir. Cette somme fixe, qu'on peut ajouter à l'intérêt pour faire cesser la perpétuité d'une rente, s'appelle amortissement.

Prêt ordinaire à 4 pour cent l'an avec restitution intégrale du capital à la fin du prêt, rente perpétuelle de 4 pour cent l'an, rente perpétuelle de 100 pour cent tous les 18 ans, ou rente de 6 pour cent pendant 28 ans, la durée est inégale, mais ce sont des opérations au même prix, car dans toutes la différence de valeur entre le présent et le futur est calculée exactement sur le même pied.

Tous ces nombres subissent nécessairement des changements suivant que varie la raison de la progression. Ainsi, par exemple, une rente perpétuelle de 100 pour cent tous les 14.1/5 ans vaut actuellement autant qu'une rente annuelle perpétuelle de 5 pour cent, ou qu'une rente temporaire de 5.1/2 pour cent pendant 49 ans ; si on donne 100 pour acheter l'une quelconque de ces trois rentes, on place à 5 pour cent l'an. De même une rente perpétuelle de 100 pour cent tous les 23.1/2 ans, ou bien une rente annuelle perpétuelle de 3 pour cent, ou bien une rente temporaire de 5 pour cent pendant 31 ans, ont une même valeur ; si on donne 100 pour acheter n'importe laquelle de ces trois rentes on place à raison de 3 pour cent l'an.

L'escompte des lettres de change est une des transactions qui motivent des calculs d'intérêt très-fréquents. L'escompteur achète, par exemple, une lettre de change de 100,000 payable dans trois mois, il en déduit 4 pour cent l'an, soit 1 pour cent pour trois mois, et il paye 99,000, différence : 1,000, qu'il touchera au bout de trois mois, en même temps que les 99,000 déboursés. Il est à remarquer que l'escompteur place ici son capital à plus de 1 pour cent pour les trois mois ; car, les 99,000 qu'il débourse deviendraient en trois mois, à raison de 1 pour cent, 99,990 et non point 100,000. Pour placer exactement à 1 pour cent, l'escompteur devrait débourser 99,009.90. Mais on ne peut trouver ce chiffre que par un calcul assez long , calcul qui prendrait trop de temps si on devait l'effectuer quand on escompte, et le cas est fréquent, plusieurs effets à la fois tous de sommes et d'échéances différentes. On a donc raison, en pratique , de déduire l'escompte comme on le fait ; l'intérêt ainsi déduit s'appelle intérêt en dedans. L'escompté connaît la petite différence qu'il produit à son désavantage et se règle en conséquence.

Dans toutes les transactions autres que l'escompte des lettres de change, les intérêts sont toujours calculés en dehors. On donne 100,000 actuels contre 101,000 dans trois mois. C'est encore 1,000 pour l'intérêt : 1,000 sur 100,000 avec l'intérêt en dehors : 1,000 sur 99,000 avec l'intérêt en dedans.

Le calcul des intérêts est nécessaire pour un grand nombre d'échanges, notamment pour les assurances sur la vie, où l'on tient toujours un compte exact de la valeur du temps, bien que le contrat soit soumis à un aléa accepté par l'assureur et par l'assuré : la chance de la vie ou de la mort.

CHAPITRE XIV

SUPPRESSION DE L'INTÉRÊT

Une somme qu'on fait venir de loin perd une partie de sa valeur. C'était, par exemple, une valeur de 105 au départ, le transport coûte 5, reste 100, valeur à l'arrivée. De même un capital futur qu'on veut ramener à sa valeur actuelle perd une partie de sa valeur. C'est, par exemple, 105 dans un an, la valeur différentielle du délai vaut 5, reste 100, valeur actuelle. Distance dans le temps ou distance dans l'espace, la distance est toujours une tare, une non-valeur à déduire, si on veut établir l'équivalence entre un bien en main et un bien éloigné.

Est-il, ou non, évident que la personne qui possède en même temps 100 en main et 100 à recevoir dans une année possède deux biens inégaux? Que si les 100 en main et les 100 à recevoir dans une année, au lieu d'être possédés par la même personne, sont possédés par deux personnes différentes, peut-on prétendre que les 100 en main et les 100 à recevoir dans une année aient actuellement la même valeur? Il faudrait cependant le prouver pour démontrer l'injustice de l'intérêt, pour démontrer que l'emprunteur qui donne 104, 105 ou 106 dans un an contre 100 actuels donne plus qu'il ne reçoit.

Il se trouve encore des religions qui défendent à leurs fidèles de prêter à intérêt. Elles ne leur défendent cependant pas d'emprunter chez les infidèles et de leur payer intérêt, de telle sorte que ce serait un grand embarras pour les fidèles, si les infidèles venaient à se convertir. Il n'y aurait plus que des fidèles, mais aussi il n'y aurait plus de prêteurs.

Supprimer l'intérêt, c'est vouloir supprimer la différence de valeur qui existe entre ce qui est et ce qui sera (différence qui existe avant même qu'on prête ou qu'on emprunte), c'est décréter que la récolte à faire vaut dès à présent autant que la récolte déjà faite.

Supprimer l'intérêt, c'est abolir tous les prêts, car qui voudrait donner 100 actuels pour ne recevoir que 100 dans l'avenir?

Supprimer l'intérêt, c'est proscrire toutes les ventes sous condition de rachat. On ne pourra plus acquerir seulement trois, dix, trente ans d'un capital ou d'un immeuble, il faudra toujours en acheter la perpétuité ou ne rien acheter.

Supprimer l'intérêt, c'est interdire l'échange du bien présent contre le bien futur, c'est arracher aux hommes toutes les espérances, toute l'énergie que leur donne un regard confiant jeté dans l'avenir!

L'intérêt n'est pas un attribut ni un privilége du capital, c'est une différence entre deux capitaux, entre ce qui est plus grand, le présent, et ce qui est plus petit, le futur. Dépouiller le capital présent de la plus-value que lui donne l'actualité, relever le capital futur de la moindre value que lui donne l'attente est chose impossible. On peut détruire tous les capitaux le monde peut s'abîmer dans un chaos général, la pensée peut, a la rigueur, concevoir la suppression de toute propriété individuelle par la substitution d'un seul propriétaire; mais elle ne peut concevoir la suppression de l'intérêt, la confusion préméditée entre le jour d'aujourd'hui et celui de demain.

Lors même que la société humaine durerait des pluralités d'éternités, jamais on ne fera perdre au bien qu'on possède l'avance qu'il a sur le bien qu'on ne possède pas encore.

CHAPITRE XV

LE LOYER ACQUÉREUR

Après avoir infructueusement attaqué l'intérêt et
le loyer, on a changé de tactique ; on les maintient,
mais en leur attribuant une vertu, une puissance
qu'ils ne sauraient avoir. On soutient que le locataire
ou l'emprunteur, en payant loyer ou intérêt, doivent
devenir propriétaires de l'immeuble ou du capital.
Qu'on suppose un immeuble ou un capital de 100,000.
On le loue ou on le prête à raison de 6,000 par an
pour vingt-huit ans. Au bout des vingt-huit ans,
le locataire ou l'emprunteur auraient à rendre l'im—

meuble ou le capital. Mais qu'on suppose la loi du
loyer acquéreur adoptée et exécutée. Le propriétaire
ou capitaliste recevra le loyer de 6,000 pendant
les vingt-huit ans, et on ne lui rendra pas l'immeuble
ou le capital. Que perd le propriétaire ou capitaliste
en signant un tel contrat? On ne peut pas dire qu'il
perd 100,000, car s'il perdait cette somme, il la per-
drait intégralement et de suite, et, par conséquent,
il n'aurait pas à recevoir vingt-huit annuités de 6,000.
Ce qu'il perd, ce sont les 100,000 qu'on ne lui rendra
pas au bout de vingt-huit ans. Or, il lui suffit de placer
19,560 à 6 pour cent l'an, le jour de la signature du
contrat, pour se faire 100,000 au bout de vingt–huit
ans, et rentrer ainsi dans son capital à l'époque où il
le reprendrait si les choses se passaient comme à
l'ordinaire. Donc, la réforme lui coûte réellement
une somme de 19,560. En d'autres termes, en per-
cevant vingt-huit annuités de 6,000, il est remboursé,
avec intérêt à 6 pour cent, de 80,440 et non point
de 100,000; différence ou perte : 15,560.

La perte peut être évaluée d'une autre manière;
on peut la faire porter sur le taux d'intérêt et laisser
intacts les 100,000. On sait que moyennant 28 an-

nuités de 6 pour cent, on amortit un capital actuel, tout en payant 4 pour cent d'intérêt; on peut donc dire que la perte du remboursement final de 100,000 n'enlève au propriétaire ou capitaliste aucune parcelle de son capital, mais bien deux pour cent sur le taux annuel des intérêts. Il n'aura pas touché 6 pour cent d'intérêt mais seulement 4 pour cent l'an.

On le voit donc : capital, intérêts, tout se mêle et se transforme réciproquement suivant qu'on fait varier la raison progressive qui mesure la valeur du temps. L'absorption du capital par l'intérêt n'a aucun sens ; il faut ignorer tout élément de calcul pour la proposer.

Toute annuité temporaire contient forcément un capital et des intérêts, et la suppression du remboursement final n'est en réalité qu'une réduction du taux de l'intérêt. Que si le propriétaire ou capitaliste stipulait une annuité plus forte, tout se balancerait; si, au lieu de vingt-huit annuités de 6,000, on lui payait vingt-huit annuités de 7,460, il rentrerait par voie d'amortissement dans les 100,000, et il toucherait 6 pour cent d'intérêt par an, tout aussi bien que s'il recevait 6,000 par an avec restitution finale de 100,000.

Du reste, il n'est aucunement défendu d'acquérir des immeubles et des capitaux en les payant ainsi par des annuités temporaires qui comprennent l'amortissement et l'intérêt. Si de semblables contrats sont assez rares entre particuliers, c'est qu'ils n'entrent guère dans les convenances réciproques, spécialement en ce qui concerne les habitations.

L'achat par annuités n'est possible que s'il s'agit d'une maison en entier. Quelle confusion, quel en-chevêtrement de comptes et de droits s'il fallait devenir propriétaire des appartements séparés qu'on loue dans chaque maison ! Il vaut donc beaucoup mieux ne payer que de simples loyers, rester libre et consacrer annuellement à d'autres destinations le ca-pital d'amortissement qu'il faudrait ajouter chaque année au loyer ordinaire pour absorber la propriété. Ce système est d'autant le plus rationnel, qu'en vertu de l'absurde loi du loyer acquéreur on serait obligé, une fois la maison acquise, d'y toujours demeurer, afin de ne point la perdre à son tour en y faisant entrer des locataires.

La vérité est qu'on ne peut acquérir ni meubles, ni immeubles, ni capitaux, sans en payer la valeur totale, soit qu'on la paye au comptant, soit qu'on la paye à terme, par des à-compte successifs, par une rente perpétuelle ou par une rente temporaire. Aucun subterfuge n'est possible. L'acquéreur lui-même doit être satisfait qu'il en soit ainsi, car autrement on appliquerait contre lui-même plus tard la loi qu'il aurait d'abord invoquée contre les autres.

CHAPITRE XVI

LES PRIX ÉMANCIPÉS ET LA TAXATION DE L'INTÉRÊT

Le prix de revient n'a rien de commun avec la valeur. On ne demande pas au blé combien il a coûté. Il vaut moins, si la récolte est abondante ; il vaut plus, si elle est mauvaise. On ne demande pas au fer si la fabrication a donné des bénéfices. On ne reproche pas à la perle de n'avoir peut-être rien coûté à la main qui l'a trouvée. Le champ que le fils posthume tient de l'héritage paternel ne vaut pas moins que le champ acquis à force de travail et d'économie par l'enfant trouvé.

L'industrie et le commerce n'ont qu'une préoccu-
pation, obtenir un prix de revient qui soit toujours
au-dessous de la valeur du bien produit. Aussi, font-
ils la plus grande attention aux oscillations des tantièmes et des masses ; ils s'enquièrent sans cesse si
tel bien est demandé ou non, si telle denrée abonde
ou fait défaut.

Le prix de revient est une constatation historique
et individuelle, tandis que la valeur est une constatation mathématique et sociale. Le prix de revient est
une voix ; la valeur, c'est le suffrage de tous.

Toute certaine que la valeur soit, elle n'est pas
écrite sur chaque objet ; elle ne peut pas l'être, car
les tantièmes et les masses varient toujours.

Il faut cependant se fixer réciproquement quand
on fait un échange, il faut arrêter un prix.

Qui doit faire le prix? Si on remonte à une époque
éloignée, si on étudie la famille primitive, on voit
que d'abord l'ouvrage de chacun était apporté au
père de famille, mis à la masse commune, qu'on recevait en échange ce dont on avait besoin. Mais aussitôt que la famille devint nombreuse, la parenté
s'affaiblit en s'étendant, et la tutelle patriarcale

commença à peser. On apportait bien encore à la masse, mais on voulait recevoir en biens variés une valeur proportionnée à la valeur du bien apporté. On exigeait l'équivalent.

Alors, les difficultés furent graves. Comment évaluer les apports, comment évaluer les biens à donner en échange? Peu à peu la famille se sépare. Chaque individu dispose de son ouvrage; au lieu de l'apporter à la masse, il le cède, à qui bon lui semble, contre un autre bien. Chacun veut discuter ses prix lui-même.

Les prix qu'on obtient doivent être rémunérateurs. Parfois ils peuvent ne pas l'être. On court des risques, mais ce sont les risques de l'indépendance; on est libre, on a brisé les chaînes d'une indivision et d'une minorité insupportables. Si les relations de famille se relâchent, les relations sociales se développent de plus en plus, car le besoin d'échanger ne s'arrête pas. Le droit civil est fondé.

Il faut bien vendre, donc il faut se contenter d'un bénéfice modique. Il faut bien acheter, donc il faut se contenter d'un bon marché raisonnable. Tous les prix sont débattus, ils montent, ils baissent, mais un niveau équitable, en rapport avec la valeur, se déclare, niveau qu'on ne peut fausser longtemps ni dans un sens ni dans un autre. Le monde n'est plus régi par la toute-puissance paternelle; il marche de lui-même, animé par l'activité et par la responsabilité de chacun. Il n'y avait qu'un grand arbre, il y a désormais une grande forêt; la science du bien et du mal appartient à tous. C'est en émancipant les prix qu'on s'est émancipé.

Mais on se repent de tout, quelquefois même du bien. On regrette la protection paternelle, on ne veut plus voir qu'un désordre dans l'émancipation des prix. Pour revenir autant que possible au passé, on essaye de la taxation officielle. Cependant, celui qui est contraint de vendre à prix taxé, et qui doit acheter ses matières premières à des prix non taxés, se trouve devant une limite qui l'arrête à la vente, sans aucune limite qui le défende à l'achat. Il faudrait donc, pour être juste, taxer tous les prix, même les prix des objets naguère inconnus, et qu'on invente tous les jours. Le programme devient effrayant. On sait ce qu'il en coûte pour dresser seulement des tarifs de douane qui ne comprennent cependant pas, il s'en faut, tous les biens possibles, et qui ne règlent pas des choses aussi délicates que l'achat et la vente. L'impossibilité de tout taxer est vite reconnue; mais avant de reconnaître la vérité tout entière, on fait encore un effort, on soumet à la taxe quelques articles seulement, certaines denrées alimentaires par exemple, et pour adoucir la situation des débitants ainsi taxés par exception, on leur accorde le monopole des denrées. De plus, on fait varier périodiquement la taxe officielle, suivant que varie le prix ordinaire des matières que les débitants taxés doivent acheter.

On ne fait là que suivre, de loin et en le gênant le mouvement naturel des prix émancipés, car, déjà, sans que la taxe intervienne, les prix de vente varient suivant que varie la valeur réelle des objets mis en vente. Le commerce, accessible à tous, garantit les acheteurs beaucoup mieux que ne le fait la taxe périodique avec ses monopoles, ses lenteurs et ses entraves.

La raison, aidée de l'expérience, est enfin victorieuse. Les taxations officielles s'en vont; les exceptions sont désormais de plus en plus rares. Une d'elles est importante, c'est celle du taux de l'intérêt maintenue dans les Codes de plusieurs pays. Ici l'émancipation n'est pas complète. Le maximum compte encore des adeptes.

Si on réfléchit que tous les contrats sont des échanges, on a de la peine à comprendre que tous les prix devant être discutables, on défende encore de discuter le prix des capitaux futurs : l'intérêt. Comment ! on a renoncé aux taxations, même aux taxations périodiques, et l'intérêt sera toujours taxé, et on s'interdirait même de faire varier la taxe, et de siècle en siècle les capitaux futurs devraient, de par la loi, valoir toujours le même prix? Pourquoi ne pas taxer les prix de tous les loyers, si on taxe le loyer du capital? Pourquoi ne pas taxer tous les honoraires, pour le bien de l'ouvrier et pour le bien du patron? Pourquoi ne pas soumettre à la taxe tous les vendeurs, afin de protéger tous les acheteurs?

Il y a encore une raison décisive en faveur de l'émancipation du taux, c'est que si on peut défendre de prêter à tel taux, on ne peut cependant pas imposer de prêter à tel autre. Or, en définitive, il n'y a que les possesseurs de capitaux qui puissent prêter, c'est-à-dire des personnes qui, en vue de l'intérêt stipulé, renoncent à gérer elles-mêmes leur capital. Qu'on abaisse le taux, qu'on l'abaisse jusqu'à satisfaire la théorie de l'abaissement quand même, qu'arrivera-t-il? Que les prêts cesseront, car les prêteurs feraient alors valoir eux-mêmes leurs capitaux.

Pourquoi ne pas interroger sur cette question les intéressés eux-mêmes? Seraient-ce les emprunteurs qui insisteraient en faveur du prix fixe? Ce n'est pas croyable; les emprunteurs libres de ne pas emprunter, mais point maîtres d'exiger qu'on leur prête, ontt out avantage à l'émancipation de l'intérêt. On ne saurait croire non plus que les champions du taux fixe se trouvassent parmi les prêteurs. Où se trouvent-ils donc?

Du reste, on peut dire que le taux émancipé est généralement pratiqué même dans les pays où la loi ne le reconnaît pas. Qui ne sait les mille moyens par lesquels on échappe à la taxation officielle? Qui ne sait le nombre d'exceptions qu'on tolère? Qui ne sait que les États qui imposent aux particuliers le taux de 5 pour cent empruntent eux-mêmes à des taux plus élevés, et laissent prêter continuellement à 6 et même à 9 pour cent par des établissements privilégiés par les monts-de-piété?

Interdire de prêter à plus de 5 ou de 6 pour cent, c'est interdire à celui qui a emprunté à ces taux de reprêter à prix plus élevé, et au cas où il pourrait disposer du capital emprunté avant le jour du remboursement, c'est lui ordonner de reprêter aux mêmes taux, sans rétribution ni indemnité.

Pourquoi intervenir, pourquoi prescrire aux individus d'échanger réciproquement leurs biens présents ou futurs à telles conditions plutôt qu'à telles autres? A quoi bon provoquer les transgressions? A quoi bon embarrasser les transactions? Pourquoi faire d'un chiffre contractuel une question d'ordre public?

La société doit sympathie et secours aux blessés, mais elle ne peut armer une partie des individus avec des armes qu'elle prendrait à une autre partie, d'autant plus que ceux qu'il faudrait désarmer ne sont pas forcés de lutter, ils peuvent quitter le marché avec leurs capitaux et se les prêter à eux-mêmes.

Qu'il en soit du commerce des capitaux comme de tous les autres commerces. Que le taux de l'intérêt s'abaisse si le capital actuel abonde et si le futur est recherché; que le taux s'élève si l'actuel est rare et le futur offert. Ce n'est que justice.

CHAPITRE XVII

LA CHERTÉ ET L'INTÉRÊT A BON MARCHÉ

———

Reste une question plus générale. L'intérêt cher est nuisible, dit-on ; il est à désirer que le taux de l'intérêt vienne à baisser de plus en plus.

Qu'est-ce que le cher ? Qu'est-ce que le bon marché ? Dans les habitudes quotidiennes, on dit qu'une denrée est chère quand il faut plus d'or pour la payer qu'il n'en fallait auparavant. Si l'or est devenu abondant, si la denrée est devenue rare, ce renchérissement est très-naturel et très-juste. On dit aussi qu'un objet est cher quand on pense que le vendeur fait un grand bénéfice ; le remède, dans ce cas, ne se fait pas attendre, la concurrence arrive qui donne à meilleur prix.

Jusque-là la cherté n'est qu'éphémère.

La véritable cherté est tout autre ; elle résulte de l'insuffisance des ressources. Quand les ressources sont insuffisantes, jamais rien n'est bon marché ; livré, même à moitié prix, et à moins encore, le pain est très-cher pour celui qui est dans la misère.

Cette cherté, fille de la misère ou de la quasi-misère, peut donner lieu à des observations et à des propositions. Elles viendront en temps et lieu. Ce sont des questions de droit civil et de dignité sociale qu'on ne peut mêler ici aux choses toutes mécaniques de l'échange.

Mais cette réserve faite, il faut reconnaître qu'on ne peut définir en termes absolus ni le cher ni le bon marché. Ce qui paraissait cher hier paraît bon marché aujourd'hui et paraîtra de nouveau cher demain. Quand on débat le prix, tout est déclaré cher par l'acheteur, tout est déclaré bon marché par le vendeur, et malgré tout le contrat se conclut.

A quel prix les diamants ou les chiffons sont-ils réellement chers ou bon marché ? Qui pourrait le dire ? et cependant on veut chiffrer le bon marché. et le cher quand il s'agit du taux de l'intérêt.

Le signe arabique dont on se sert pour indiquer la raison progressive de l'intérêt ne dit rien par lui-même ; on peut avoir emprunté à 4 mal à propos, et on peut avoir sagement emprunté à 6. C'est l'ensemble de l'opération qui doit laisser un bénéfice, ce n'est pas le taux de l'emprunt. Le bien-être ne résulte pas de ce qu'un article, ou plusieurs articles, ou l'intérêt paraissent bon marché ; le bien-être résulte d'un bon équilibre entre les recettes et les dépenses.

Un pays peut être prospère ou ne pas l'être quel que soit le taux ordinaire de l'intérêt. S'il existe des contrées attardées où l'intérêt est très-élevé, il y a aussi des peuples très-actifs, très-entreprenants, très-modernes, parmi lesquels l'intérêt se chiffre très-haut. Là, l'échange des capitaux est gêné par la proscription religieuse de l'intérêt, il y a peu de prêteurs, on reste propriétaire, on ne se fait pas capitaliste, l'intérêt est naturellement élevé. Ici, il y a tout à la fois grande abondance et grande demande de capitaux ; le travail sait faire ses plans, ses devis ;

quand il prévoit un bénéfice, il ne regarde pas au taux de l'intérêt. Sûr de la récolte, il ne maudit pas le prix de la semence. Prêteurs et emprunteurs s'en trouvent bien.

D'ailleurs, s'il y a des arguments en faveur de l'intérêt bas, il y en a aussi en faveur de l'intérêt haut.

L'emprunteur, tout riche qu'il soit, peut très-bien désirer, s'il fait une grande entreprise, qu'un intérêt élevé décide le prêteur à lui fournir un complément de capital.

Si on prend à cœur le sort de tous ceux qui travaillent, pourquoi ne point souhaiter qu'ils puissent placer à bons intérêts leurs lentes épargnes, leur fonds de prévoyance?

La raison veut qu'on renonce à plaider soit pour la baisse, soit pour la hausse de l'intérêt. Il faut accepter sans murmure, en fait d'intérêt comme en fait de toute chose, le prix naturel et variable, le prix émancipé, et reconnaître qu'il n'y en a pas d'autre plus équitable, ni plus profitable.

CHAPITRE XVIII

LES BANQUES FONCIÈRES

Ce qu'on doit vouloir au point de vue de l'intérêt, c'est que les capitaux actuels et les capitaux futurs puissent facilement se rencontrer, non point pour favoriser ni la baisse ni la hausse du taux, mais afin que le taux courant soit autant que possible l'expression moyenne du contraste général des besoins inverses et réciproques. Cette rencontre de capitaux a lieu pour des sommes importantes au siége des banques foncières.

Ces banques fournissent aux propriétaires, et contre hypothèque, des capitaux qu'elles se pro-

curent en créant et en cédant des obligations pro-
ductives d'intérêts, obligations dites foncières parce
qu'elles sont garanties sur les hypothèques consenties
par les emprunteurs. Ces banques sont ainsi intermédiaires entre les prêteurs et les emprunteurs.
Les uns et les autres en sont satisfaits :

Les prêteurs n'ont plus à faire eux-mêmes les en-
quêtes légales auxquelles donnent lieu les opérations
hypothécaires. Ils s'épargnent toute éventualité de
discussion avec les emprunteurs ou leurs ayants
droit. A l'échéance des intérêts, ils sont assurés que
le payement n'en est jamais retardé d'un seul jour; ils
n'ont, pour les encaisser, qu'à détacher les coupons
semestriels des obligations. Ils ont encore l'avantage
de pouvoir défaire à volonté leurs prêts hypothécaires,
et de pouvoir toujours rentrer dans leur argent : ils
n'ont qu'à vendre au comptant sur le marché des
effets publics les obligations dont ils sont porteurs.

Les propriétaires fonciers qui fournissent les hypothèques peuvent emprunter à très-long terme, et
éteindre lentement leurs dettes par des annuités
toutes égales comprenant l'intérêt et l'amortissement.
Ils n'ont plus en face d'eux des capitalistes difficiles,

mais une compagnie à laquelle, moyennant une faible remise ils peuvent en tous temps rembourser par anticipation les prêts obtenus.

Intermédiaires et garants, les banques foncières réalisent un bénéfice très-légitime par la différence du taux auquel elles prêtent et du taux auquel elles empruntent; mais cette différence peut être modique grâce à l'importance de leurs opérations. Elles prêtent à meilleur marché ou plus cher, selon qu'elles empruntent elles-mêmes à meilleur marché ou plus cher.

Une grande animosité se déclara à certains moments contre les intermédiaires en général, et on vit surgir la prétention d'en supprimer un grand nombre. Heureusement, il n'en fut rien, on en créa même de nouveaux. Les banques foncières sont de ce nombre. L'homme ne peut se suffire, il ne peut parer à la simultanéité de ses besoins, ni avec son intelligence ni avec ses bras seuls. La division du travail est donc un fait naturel; elle serait désastreuse, si on n'en tirait pas les immenses bienfaits qu'on en tire au moyen de l'échange, qui fait de tous les hommes des intermédiaires réciproques.

CHAPITRE XIX

LES EFFETS A ORDRE

———

Il est presque impossible que la livraison et le payement des marchandises vendues se fassent au même
instant. Un délai est très-souvent inévitable, ne fût-
ce que pour vérifier les livraisons. En outre, même
l'acheteur le plus solide n'est pas toujours matériellement en possession de ses capitaux, et il a raison de
ne pas manquer un bon achat, bien qu'en payant à
terme il doive donner un prix plus élevé qu'en
payant au comptant.

Si le vendeur pouvait éviter de vendre à terme,
il l'éviterait volontiers. Mais enfin il tient à vendre,

il croit ses acheteurs bons, il trouve des bénéfices, et il préfère subir de temps en temps quelque sinistre en multipliant les affaires, plutôt que d'en manquer par excès de prudence.

C'est ainsi que naît le découvert. On a livré, mais on n'est pas encore payé. Le découvert est le tantième dangereux des affaires, comme la monnaie est le tantième stérile de l'inventaire général. Le risque du découvert et la stérilité de la monnaie sont deux augmentations de frais généraux qu'on s'efforce de réduire, mais qu'on ne peut éviter entièrement.

Le vendeur prend cependant la précaution suprême de faire souscrire à son acheteur des effets à ordre, payables après quelques semaines au plus tard. Le négociant débiteur est alors transformé en caissier comme l'accepteur de la lettre de change; sa carrière sera brisée, il sera deshonoré à tout jamais si l'effet n'est pas payé à l'heure fixée.

L'effet à ordre est payable sur place, là où il est né; il n'épargne aucun voyage de monnaie; aussi, il n'est pas question de prix de change quand on le négocie, le change n'ayant d'autres raisons d'être que le bénéfice résultant du transport monétaire économisé. Quand on vend des effets à ordre, le débat ne roule que sur un point, le taux de l'escompte.

Souvent on ne trouve pas de capitaux au taux limité par la loi ; alors on tourne la difficulté en ajoutant une commission. Le taux de l'escompte s'en trouve augmenté. C'est enfreindre la loi. Mais pourquoi la loi s'arroge-t-elle de dicter aux contractants les prix qu'ils doivent stipuler ?

Le possesseur de l'effet à ordre le garde en portefeuille tant qu'il n'a pas besoin de capitaux. C'est pour lui un placement temporaire ; quand il voudra le vendre, il ne lui sera retenu que l'escompte proportionnel au nombre des jours que l'effet aura encore à courir.

Généralement parlant, les négociants ne gardent pas leurs effets en portefeuille, pressés qu'ils sont d'avoir des capitaux pour renouveler leurs opérations. Ils les vendent aux escompteurs.

CHAPITRE XX

LES CAPITAUX FLOTTANTS ET LES BANQUES D'ESCOMPTE

Les caisses de dépôt, si bien agencées avec leurs chèques-mandats, avec leurs chèques-virements, avec leurs compensations, sont naturellement appelées à s'occuper des escomptes. Les sommes déposées peuvent servir à escompter les effets, à une condition cependant, c'est que le propriétaire déposant y consente. On obtient facilement ce consentement en lui payant des intérêts. Dès qu'il y a des intérêts payés, il n'y a plus de dépôt, le déposant devient créancier, le dépositaire devient dé biteur, la caisse de dépôt est transformée en banque d'escompte, elle va faire le commerce des capitaux flottants.

Le capital flottant, comme tout capital, est un lot du capital général exprimé en monnaie ; il rapporte intérêt et peut être rapidement converti en monnaie. Toute personne qui vient d'encaisser une somme qu'elle destine à un payement prochain peut convertir cette somme en capital flottant. Toute personne qui a de la monnaie et qui n'est pas encore décidée à faire des acquisitions peut convertir cette monnaie en capital flottant, et attendre une occasion favorable. Tout négociant qui désire avoir des fonds toujours disponibles pour les affaires courantes et les affaires imprévues et qui ne veut pas perdre l'intérêt, peut convertir ses fonds en capital flottant.

En versant des sommes en compte courant à la caisse d'une banque d'escompte, on devient créancier de capitaux flottants, qui sont productifs d'intérêt et qu'on peut toujours redemander.

La grande affaire pour une banque d'escompte, c'est d'avoir le plus possible de comptes courants. Elle a bien son capital à elle, le capital de fondation,

mais si une banque n'avait que ce capital pour escompter, elle ne pourrait subsister; car elle doit
toujour en conserver en caisse une portion, et
l'escompte qu'elle ferait avec l'autre portion don-
nerait à peine de quoi couvrir les frais généraux. Mais
les comptes courants ne font pas défaut aux banques
d'escompte qui sont bien administrées et qui ren-
dent fréquemment compte de leurs opérations au
public.

Certaines banques d'escompte font des affaires
vraiment énormes. Telle banque qui a un capital
actionnaire versé de 10 a toujours en main pour
200 ou 300 de capitaux flottants. Le mouvement
des opérations quotidiennes est immense : effets à
encaisser, effets à escompter, capitaux flottants reçus,
capitaux flottants remboursés. Tout ce grand mouvement de capitaux se fait presque sans monnaie.
Cette banque n'a communément en caisse, fonds
monétaire et stérile, qu'un dixième du capital versé
par les actionnaires.

Le négoce des banques n'est point un négoce de
monnaie, mais un négoce de capitaux. Les capitaux
arrivent des capitalistes aux banques; des banques

ils vont aux escomptés. Les escomptés touchent
ainsi le prix des marchandises qu'ils ont vendues
aux souscripteurs des effets, et en définitive ce sont
ces souscripteurs d'effets qui sont les véritables détenteurs des capitaux versés en compte courant par
les capitalistes.

Entre les détenteurs des capitaux (ceux qui ont
souscrit les effets) et les capitalistes (les titulaires
des comptes courants) se trouvent la banque et les
escomptés.

Le capitaliste ne connaît, lui, que la banque,
elle lui doit un capital.

La banque connaît les souscripteurs des effets
qui doivent les payer prochainement, et elle connaît
les escomptés auxquels elle a fait les fonds et qui
garantissent les payements des effets solidairement
avec les souscripteurs et avec les autres endosseurs,
s'il y en a.

Les détenteurs des capitaux ne les détiennent pas
longtemps, les effets sont à courte échéance, il
faut payer. Mais la banque fait des opérations nouvelle, il arrive de nouveaux effets, de nouveaux escomptés. Les capitalistes, non plus, ne laissent pas

leurs capitaux continuellement à la banque, ils en retirent sans cesse, mais sans cesse ils en rapportent, et d'autres capitalistes en apportent aussi de nouveaux. C'est par ce renouvellement continu de capitaux versés et d'effets en portefeuille, d'actif et de passif, que les banques s'alimentent.

On voit clairement ici que c'est le capital et non pas l'argent qui paye intérêt. Les intérêts payés par une banque à ses comptes courants forment au bout d'une année une somme très-supérieure à la somme d'argent qui a servi pendant ces douze mois à faire mouvoir tous les capitaux qui sont entrés et qui sont sortis. Qui les paye, en définitive, les intérêts bonifiés aux comptes courants? L'acheteur de marchandises qui détient un capital présent, avec utilité actuelle, et qui a promis livraison d'un capital à venir, avec utilité future, à l'échéance des effets.

Les banques d'escompte remplissent à l'égard des capitaux flottants le rôle d'intermédiaire garant que les banques foncières remplissent à l'égard des capitaux placés à long terme.

Comme les banques foncières, les banques d'escompte vendent les capitaux futurs plus chers qu'elles ne les achètent, ou, en d'autres termes, elles prêtent à un taux supérieur au taux de leurs emprunts.

C'est ainsi qu'elles vivent et qu'elles peuvent prospérer en rendant des services importants aux capitalistes, aux escomptés et à l'échange en gé-néral.

Les banques d'escompte sont des institutions excellentes, parce qu'elles établissent des relations nombreuses et fréquentes, bien qu'indirectes, entre ceux qui possèdent des capitaux flottants et ceux qui possèdent des effets à ordre à faire escompter. Mais il ne dépend pas des banques de gouverner le taux de l'escompte.

Elles ne peuvent que suivre les fluctuations spontanées du marché ; si les capitaux flottants sont rares, soit qu'ils se dirigent ailleurs, soit que les capitalistes fassent eux-mêmes des placements définitifs, le taux de l'escompte et l'intérêt bonifié aux comptes courants sont plus élevés ; si, au con-traire, par des raisons inverses, le flottant abonde, si l'escompte est peu demandé, alors l'intérêt baisse et pour les escomptés et pour les comptes courants.

Les banques ne peuvent empêcher ces oscillations, tantôt favorables aux escomptés, tantôt favorables aux capitalistes.

Le taux de l'intérêt bonifié par les banques à leurs comptes courants est plus élevé si le compte courant s'engage à ne retirer ses capitaux qu'après un préavis de quelques jours ; il est, au contraire, moindre, si le compte courant se réserve la faculté de toujours disposer à vue. Car, pour être en mesure de rembourser à vue, les banques sont forcées de garder une plus grande provision monétaire, et de perdre, par conséquent, elles-mêmes des intérêts.

Une banque d'escompte ne doit jamais immobiliser les capitaux qui lui sont confiés, attendu qu'on peut toujours les lui redemander. Elle ne doit donc commanditer aucune affaire, ni entrer dans aucune société, ni acquérir aucune valeur sujette à dépréciation ; elle a en main des capitaux flottants, elle doit en faire un emploi flottant, c'est-à-dire escompter, acheter des capitaux à court terme, qu'elle puisse toujours convertir en monnaie, en faisant au besoin réescompter elle-même les effets de son porte-feuille par d'autres banques ou par des preneurs quelconques.

Si le commerce des capitaux flottants, puissamment aidé par les banques, n'avait pas lieu, les négociants et les particuliers auraient de la peine à convertir en capitaux flottants les sommes dont ils ne peuvent ou ne veulent disposer que temporairement. Sans les banques d'escompte, il faudrait, en général, beaucoup plus de monnaie qu'il n'en faut avec elles pour liquider les échanges.

La lettre de change combine des compensations entre des capitaux à donner ou à recevoir en lieux différents; la banque d'escompte combine des compensations entre des capitaux à donner et à recevoir sur place à termes rapprochés.

Dans les deux cas, on égalise les valeurs qu'on échange en évaluant la tare des distances ou par le prix du change, ou par l'escompte, ou par les deux réunis.

La monnaie, bien évaluant, bien roulant, bien choisissant, bien qui forme les capitaux, est tou-jours nécessaire; mais on a tout mis en œuvre pour s'en passer dans les limites du possible, parce qu'elle est stérile.

Le payement économique touche à la perfection; après la caisse de dépôt, la lettre de change; après la lettre de change, la banque d'escompte.

CHAPITRE XXI

LE REPORT

Il y a, en dehors des banques d'escompte, un autre emploi très-convenable pour les capitaux flottants : le report. Le capitaliste se présente sur le marché d'effets publics; il achète au comptant des titres au prix de 100, par exemple, et il les revend du même coup à 100 et 1/2, livrables et payables au bout d'un mois. Le voilà reporteur; il prend de suite livraison des titres et paye le prix de 100. A la fin du mois, il livre ces titres au reporté et reçoit 100 et 1/2. Différence 1/2 pour cent pour le mois, soit 6 pour cent par an. Le reporteur a donc placé temporairement son capital flottant, à raison de 6 pour cent l'an, plus ou moins, suivant le taux du report, et sans compromettre ni la disponibilité ni l'intégralité de son capital. De son côté, le reporté avait un besoin temporaire d'argent, il a emprunté à 6 pour cent, ou à un autre taux, mais il n'a pas voulu aliéner des titres qu'il croit appelés à de meilleurs cours ou capables de produire un taux de revenu supérieur au taux de report qu'il paye; car le reporteur doit rendre les titres tels qu'il les a reçus, et si, pendant le report, des intérêts ou des dividendes ont été payés sur les titres, le reporteur en doit compte au reporté.

Le titre mis en report rappelle le bien mis en gage ou hypothéqué, mais avec cette différence que sur les gages ou hypothèques on n'obtient jamais l'avance d'une somme égale à leur valeur, tandis que l'on retrouve sur les titres qu'on fait reporter la somme exacte qu'on en retirerait en les vendant au prix du jour. Le reporteur court donc des risques, car si les titres pris en report se déprécient, et si le reporté ne verse pas les 100 et 1/2 à la fin du mois, le reporteur n'est plus nanti que d'une valeur inférieure aux 100 et 1/2 qu'on lui doit. Mais on se garantit contre ces sortes de risques en faisant le report par l'entremise d'un agent bien connu, qui touche une commission et se rend responsable de l'opération.

L'opération du report est très-commode, elle donne satisfaction aux besoins inverses et réciproques du reporteur ou capitaliste, et du reporté ou propriétaire de titres. Les banques d'escompte font des reports, c'est un genre de transaction qui leur convient d'autant plus, que tous les jours on peut ravoir son argent en défaisant l'opération. A cet effet, on fait reporter par d'autres reporteurs les titres qu'on a reportés soi-même, mais on ne paye pour ce second report qu'un prix proportionnel à sa durée, qui est plus courte. Les deux reports viendront à échéance à la fin du même mois, et celui qui a défait le report fera compenser par les agents le remboursement qu'on lui devra avec le remboursement qu'il devra lui-même, et la livraison des titres qu'il devra faire avec la livraison des titres qu'on devra lui faire à lui-même.

CHAPITRE XXII

L'OR

NUMÉRAIRE ET LINGOTS

Pour rendre l'or facilement maniable, on en fait du numéraire. Chaque denier est un petit lingot d'or avec addition d'une dose de cuivre qui en augmente la consistance. Le petit lingot porte un nom légal qui énonce indirectement combien il contient d'or pur et de cuivre; au lieu de peser, on compte. C'est ce qui rend le numéraire si commode, on n'a qu'à compter pour livrer de l'or pur tout pesé.

Ce n'est pas le nom des pièces qui fait la valeur du numéraire, ni le coin, c'est le métal lui-même.

La preuve en est que pour savoir combien la mon—
naie d'un pays vaut en monnaie d'un autre pays,
on compare la quantité de métal pur contenu dans
chacune. La preuve en est que la monnaie de cuivre
et de bronze, laquelle contient une quantité de méta
très-inférieure à celle qui serait nécessaire pour lui
donner la valeur pour laquelle elle circule, ne peut
être employée qu'à payer les petits appoints ; per—
sonne n'en reçoit au delà, et personne n'est tenu
d'en recevoir. La preuve en est que l'altération des
monnaies qu'on a longtemps pratiquée n'a jamais
trompé personne. La monnaie altérée achetait tou—
jours moins, payait toujours moins que la monnaie
juste, et on ne voulait la recevoir que pour la quantité
de métal pur qu'elle contenait réellement.

On fond, on lamine le lingot, on en fait des es—
pèces, on en fait ce qu'on veut ; mais, pour l'acheter,
il faut donner autant d'or pur frappé qu'il renferme
d'or pur non frappé. Il y a plus : celui qui cède un
lingot contre des espèces sait qu'il reçoit des espèces
usées par le frottement ; il sait que les frais de l'ate—
lier monétaire sont payés par une parcelle d'or
qu'on retient sur chaque pièce ; il sait qu'il est très—

difficile de fabriquer des espèces contenant très-exactement les quantités légales d'or et de cuivre; il sait que par conséquent on tolère dans ces quantités des petites erreurs; il sait tout cela, et il sait en résumé qu'en recevant des espèces il reçoit une quantité d'or pur légèrement inférieure à la quantité qu'elles sont déclarées contenir, tandis qu'en livrant le lingot, il livre, lui, de l'or pur en quantité absolument exacte.

C'est pour cette raison que si on demande une fourniture de lingots, on doit payer une prime. Cette prime ne peut cependant pas dépasser un demi pour cent, car, à cette différence près, et tout compte fait, les espèces contiennent toujours tout l'or pur que légalement elles doivent contenir. Si on payait une prime plus forte, le fournisseur pourrait se faire des lingots avec les espèces, et ne fournirait ainsi plus que le même métal que lui compte l'acquéreur des lingots. Opération et bénéfice par trop faciles et qui se répéteraient indéfiniment.

Quand on fait l'opération inverse, quand on veut faire convertir des lingots en numéraire, on reçoit, il est vrai, des pièces toutes neuves, non usées, mais l'or de la retenue monétaire et l'or qui manque par suite des erreurs tolérées dans la fabrication, on ne le reçoit pas. Par le fait, c'est encore une prime qu'on paye; ainsi, prime pour convertir le numéraire en lingots et prime pour convertir le lingot en numéraire. Prime aussi pour faire le simple échange de l'or frappé à un coin contre de l'or frappé à un autre coin. Car le changeur s'astreint, ou à fondre l'or qu'il reçoit, ou à le renvoyer dans son pays, s'il s'agit de pièces étrangères, ou à le garder improductif jusqu'à ce qu'on le lui demande pour un échange en sens contraire. Tout ceci est naturel et juste, car on ne transforme, on ne convertit, on ne transporte aucun bien, monnaie ou autre, sans faire des frais; mais tout ceci, loin d'affaiblir, ne fait que mettre en évidence cette vérité absolue que, numéraire ou lingot, la valeur de l'or est identique.

De même que le lingot vaut autant que le numéraire, tout lingot vaut autant que tout autre lingot. Il ne peut y avoir une quantité pesée quelconque d'or pur qui vaille à la même place et au même moment plus ou moins qu'une égale quantité également pesée d'or pur. Ce n'est donc pas une partie de l'or existant qui est monnaie, mais bien la totalité, et à toute époque il en sera ainsi tant que l'or sera monnaie. On n'affirme rien de plus certain en affirmant que toute la houille qui existera sera combustible, que tout le blé sera comestible.

L'or qui passe aux hôtels de monnaies n'appartient pas à l'État; il appartient en entier aux particuliers qui convertissent leurs barres ou leurs bijoux en numéraire. Celui qui a de l'or a droit de monnaie. A l'instar du meunier qui, sauf le bénéfice du moulin, rend en farine tout le grain qu'on lui donne à moudre, l'atelier monétaire, sauf la retenue pour les frais, remet en espèces, poids pour poids, tout l'or pur qu'on lui apporte à frapper, et l'intégralité de cette remise est attestée par l'empreinte de l'État.

Le véritable fabricant de monnaie est celui qui, à ses risques et périls, tire l'or de la terre, aujourd'hui à bénéfice, demain à perte. On voit l'or nouveau prendre la route la plus rapide pour aller se confondre avec l'or ancien; une partie de cet or est arrêtée en chemin par les bijoutiers et par les doreurs; mais tout, absolument tout ce qui reste devient au plus

vite provision monétaire : lingot dans les caves, numéraire dans les coffres et dans les poches. Que la
terre rende son or, l'essayeur, le balancier, le poin-
çon attendent au passage, il ne peut échapper ;
l'or est monnaie dès sa naissance.

CHAPITRE XXIII

LE TANTIÈME MONÉTAIRE

S'il y a des enfouisseurs d'or, tant pis pour eux. L'or enfoui, pas plus que l'or converti en bijoux, ne compte plus comme monnaie, et jusqu'au jour où il reparaîtra, il est comme retourné à la mine d'où il était sorti. On sait à merveille que l'or est stérile; aussi on se hâte de s'en défaire en acquérant d'autres biens, nécessaires, agréables ou productifs.

Toujours déboursé et toujours remboursé, payé et repayé à l'infini, l'or ne fait que rouler. Compté, mandaté, tiré, viré, délégué, compensé, on se le passe, c'est forcé, de main en main, de caisse en caisse ; mais il brûle, on ne le garde qu'un instant, on rejette au loin ce funeste trésor qui dérobe toutes les jouissances, qui ravit tous les profits qu'on se procure seulement en cessant de le posséder. La possession de l'or est un sacrifice continu.

Mais la monnaie est le bien évaluant, le bien choisissant, le bien roulant, le bien qui forme les capitaux ; elle est aussi utile que la balance, aussi utile que l'écriture, aussi utile que la roue, aussi utile que le compas, il faut toujours en posséder ; le moins possible, d'accord ; mais n'en pas avoir, c'est intolérable.

Entre la nécessité d'en avoir et le profit qu'il y a à ne pas en détenir, il se fait un compromis :

Riches ou pauvres, pour les besoins courants, pour les besoins imprévus, tous gardent un fonds de caisse, un fonds de poche.

Fonds de caisse ou fonds de poche, toute la monnaie est là ; il n'y en a pas ailleurs.

Chacun vise à avoir un minimum de monnaie : le nécessaire. Chacun ne garde qu'un maximum de monnaie : seulement le nécessaire. Chacun garde un fonds monétaire qui varie suivant que varient les

besoins et les circonstances, mais qui est habituelle-
ment en raison de sa fortune.

Pour chacun, le fonds de caisse ou de poche
est à la fois un minimum, un maximum, une proportionnelle. Ce qui est vrai pour chaque individu
pris séparément est vrai pour tous les individus pris
ensemble, et c'est ainsi que parmi tous les tantièmes
composant l'unité du capital général se forme et se
déclare le tantième monétaire.

Toute la monnaie existante vaut un tantième du
capital général, le tantième qu'il est indispensable de
monétiser et qu'on monétise pour que l'échange de
tous les biens soit praticable.

Le matériel roulant d'un chemin de fer vaut un
tantième rationnel de toute l'entreprise. Le matériel
roulant de l'échange vaut un tantième rationnel du
capital général.

CHAPITRE XXIV

Qu'on suppose les payements économiques supprimés : il n'y a plus de lettres de change, plus de compensations, plus de banques d'escompte. Quel spectacle ! La monnaie court les rues et les routes. Les payements effectifs se rencontrent, se croisent sur tous les points sans se compenser. Tout le monde est obligé de doubler, de tripler peut-être, ses provisions monétaires. Mais comment les doubler, comment les tripler ? On ne peut créer de l'or tout exprès. Où prendre donc la provision nouvelle ? On la prendrait d'une manière indirecte dans l'augmentation du tan tième monétaire. La masse de l'or existant serait alors plus nécessaire qu'elle ne l'est aujourd'hui, l'or aurait une plus grande valeur, le tantième monétaire augmenterait.

Comme tout tantième, le tantième monétaire ne peut augmenter qu'au préjudice des autres tantièmes, car tous les tantièmes pris ensemble doivent toujours former la grande unité, le capital général.

Soit avec les payements économiques : 500,000 en pesant d'or la valeur du capital général, y compris 5,000 d'or réellement existant. Tantième monétaire, un pour cent.

Soit : de 1 à 2 le changement qui doit s'opérer dans le tantième monétaire par suite de la suppression des payements économiques. Pour que le tantième monétaire puisse doubler, il faut nécessairement qu'il s'élève à deux pour cent du capital général ; il faut que celui-ci vaille non plus cent fois, mais cinquante fois autant que l'or existant. Aussi le capital général cesserait de valoir 500,000 d'or et ne vaudrait plus que 250,000. Rien n'est changé dans le monde, les cultures, les édifices, les animaux, les voies de communication les machines restent ce qu'elles étaient, mais tout vaut moitié moins d'or que précédamment, car l'or a renchéri du double. Tous les biens, comparés les uns aux autres, conservent la même valeur qu'auparavant, c'est vrai, aussi n'y a-t-il là aucun dommage. Le dommage consiste en ceci : que tous les tantièmes productifs diminuent, et que, par contre, le tantième stérile, le tantième monétaire s'agrandit.

C'est ainsi qu'on augmenterait les provisions monétaires, sans augmenter la masse de l'or existant, si les payements économiques n'étaient plus pratiqués. Chacun aurait, en définitive, la même quantité de monnaie qu'auparavant, mais la fortune de chacun serait réduite de toute la plus-value qui serait acquise au bien stérile, la monnaie, comparativement à la valeur des autres biens qu'il possède.

Tout ceci démontre l'immense avantage des payements économiques. Certes, ces payements économiques ne peuvent pas diminuer la quantité de l'or existant, elle reste, avec eux, ce qu'elle serait sans eux, mais elle est dépréciée, le tantième monétaire est réduit, le capital général contient moins de bien stérile.

Le tantième monétaire, heureusement réduit par les payements économiques, est encore attaqué par l'augmentation progressive de l'inventaire général.

Le riche a plus de monnaie que le pauvre, mais proportionnellement à leur fortune respective, c'est le pauvre qui a plus de monnaie et le riche qui en a moins. Celui qui possède pour 200,000 dont 1,000 en argent n'a qu'un demi-centième de sa fortune en monnaie, le reste ce sont des propriétés, des titres, des meubles, des biens quelconques. Celui, au contraire, qui a 20 de fortune, 10 en vêtements et 10 en monnaie, se trouve posséder en monnaie la moitié de son avoir. Ce qui est vrai pour chaque individu pris séparément est vrai pour tous les individus pris ensemble. Donc l'augmentation de la fortune générale, c'est-à-dire les champs mieux cultivés, les édifices plus solides et plus nombreux, les instruments plus perfectionnés, les denrées plus abondantes, comportent un besoin proportionnellement moins grand de monnaie, et, par conséquent, si rien n'est changé pour le reste, le tantième monétaire est réduit. Plus la terre s'enrichit, se meuble

et s'embellit et moins la fraction stérilisée, moné-
tisée en est grande.

La répartition des richesses agit en sens contraire.
Qu'on suppose des fortunes colossales peu nombreuses, très-peu de fortunes moyennes, un grand
nombre de gens tout à fait dans la gêne. Si les riches, les très-riches, venaient à abandonner même
les deux tiers de leur fortune, il leur faudrait garder,
à peu de chose près, la même quantité de monnaie
qu'ils avaient. Mais si des pauvres en grand nombre, succédant aux biens abandonnés par les riches,
parvenaient en même temps à posséder des moyennes
fortunes, ils augmenteraient nécessairement tous, et
d'une manière sensible, leurs fonds de caisse ou de
poche. Ainsi, presque aucune diminution de monnaie chez quelques-uns et augmentation indispensable chez un grand nombre. Donc, à tout prendre,
augmentation de besoins monétaires. Evidemment
l'époque des fortunes moyennes nombreuses exige
un tantième monétaire plus élevé que l'époque
où les fortunes moyennes sont rares, où les richesses immenses de quelques-uns sont assises au
milieu d'une vaste et profonde misère.

Nul doute que par le travail assidu de l'humanité l'inventaire du monde n'aille toujours en augmentant; nul doute, non plus, que par le partage des successions et par l'accroissement de la population, l'inventaire général n'aille toujours se répartissant de plus en plus en fortunes moyennes. Diminué par une cause, augmenté par l'autre, le tantième monétaire a beaucoup de stabilité.

D'ailleurs, l'augmentation et la répartition de l'inventaire général n'avancent que par degrés. Ce sont des modifications organiques, progressives mais lentes. Le tantième monétaire peut être affecté, mais les effets n'en sont sensibles que si on compare des époques séparées par un long intervalle.

CHAPITRE XXV

VARIATIONS DE LA MASSE MONÉTAIRE

———

Que les mines d'or deviennent tout à coup extraordinairement fécondes, que des rivières aurifères soient découvertes, que l'or abonde, que la masse double; l'or existant pesait 5,000, il pèse aujourd'hui 10,000. Que fait l'inventaire général? Il reste ce qu'il était naguère, mais l'or a doublé, le chiffre du capital général double aussi. Il s'appelait 500,000, il s'appelle aujourd'hui un million. L'inventaire général valait cent fois l'or qui existait : 5,000, il vaut actuellement cent fois l'or qui existe : 10,000. L'or est doublé, tous les prix doublent. Chaque bien vaut deux fois le pesant d'or qu'il valait auparavant; mais la valeur de chaque bien reste la même. Le tantième monétaire nécessaire, utile, voulu par les choses, voulu par les hommes, n'a pas varié ; il est encore un centième.

On peut aussi supposer l'événement opposé. Les mines sont taries, on a consommé en dorures, on a enfoui la moitié du pesant d'or. Au lieu de 5,000, l'or existant ne pèse plus que 2,500. L'inventaire reste le même, mais son évaluation en or sera 250,000 au lieu de 500,000. Le tantième monétaire est encore le même : un centième.

Si une main est placée derrière le verre d'une lanterne magique, un grossissement se produit, la main paraît devenir énorme. On sait que le grossissement est fictif, nominal, mais on remarque aussi qu'aucune proportion n'est changée, que, par rapport à la dimension de la main, chaque doigt est encore ni plus ni moins grand qu'auparavant. Le capital général subit ce grossissement quand le poids du tantième monétaire, c'est-à-dire de l'or existant, vient à augmenter. Alors, tous les prix s'élèvent, alors les prix qui, dans un temps ordinaire, auraient baissé, paraissent ne point baisser, et ceux qui déjà se seraient élevés montent beaucoup plus haut. C'est toujours la lanterne magique.

C'est juste l'inverse pour la valeur de l'or. Avec une existence de 5,000, l'unité d'or achetait un cinq cent millième de l'inventaire général ; si l'or devient 10,000, l'inventaire général ne changeant pas, il faut deux unités d'or pour acheter ce même cinq cent millième. Donc, l'unité d'or ne vaut plus que la moitié. Elle vaudrait, au contraire, le double dans le cas opposé de 2,500 d'or succédant à 5,000. L'unité d'or achèterait alors le double, soit un deux cent cinquante millième de l'inventaire général.

Que l'abondance ou la rareté de l'or fassent monter ou baisser tous les prix, c'est là une vérité évidente, partout admise et proclamée depuis des siècles. Le raisonnement la démontre, l'expérience la constate et la consacre par des faits historiques, authentiques et mémorables.

Que l'inventaire général s'appelle 500,000, 1,000,000 ou 250,000, sa valeur est toujours la même : cent fois la valeur de l'or existant.

Il faudrait donc reconnaître qu'il y a toujours

assez d'or dans le monde et qu'il n'y en a jamais trop. Quelle qu'en soit la masse, toute cette masse vaut exactement le même tantième de l'inventaire général.

CHAPITRE XXVI

VALEUR RÉELLE DE L'OR

L'exploitation continue des gisements aurifères
fait que la masse de l'or existant va toujours en augmentant, et c'est là un avantage. Si elle n'augmen-
tait pas, l'or ancien, devant suffire à des populations
plus nombreuses, deviendrait plus rare, plus précieux qu'il n'était. L'emprunteur qui a reçu un d'or,
avec lequel il a pu acheter un 500 millième de
l'inventaire général, ne pourrait plus, à l'époque du
remboursement de l'emprunt, se procurer ce un d'or
à rendre qu'en le payant beaucoup plus cher, c'est-
à-dire en cédant non plus un cinq cent millième de

l'inventaire général, mais peut-être deux ; perte pour l'emprunteur : 100 pour cent.

La masse de l'or existant, tout en augmentant, n'augmente pas outre mesure, et c'est là un autre avantage. Si l'augmentation était trop forte, l'or deviendrait trop abondant, trop peu précieux. Ce serait alors le prêteur qui subirait des pertes. Il avait prêté de l'or à grande puissance, on lui rendrait de l'or déprécié, de l'or dont il faudrait une plus grande quantité pour acheter toute chose.

Grâce à la monnaie d'or, l'emprunteur peut emprunter sans crainte, le prêteur peut prêter avec confiance.

Toute autre monnaie serait exposée, beaucoup plus que l'or ne l'est, à des inégalités de production, à des variations de masse, et par conséquent à des variations de valeur beaucoup plus fortes et fréquentes.

Toute autre monnaie produirait donc des injustices continuelles tantôt contre les prêteurs, tantôt contre les emprunteurs. Le commerce de capitaux ne serait plus qu'un jeu de hasard, des calamités seraient toujours imminentes.

Grâce à la monnaie d'or, les générations peuvent

traiter entre elles. On peut échanger des capitaux d'un siècle à l'autre. L'or garantit l'équivalence des capitaux échangés.

Excellent pour former les capitaux, l'or est, en outre, entre tous les biens, celui qui est le plus propre à évaluer, choisir, rouler tous les autres biens, c'est-à-dire le plus propre à remplir toutes les fonctions monétaires.

L'or est un corps simple toujours identique. Il ne prête à aucune confusion; ce n'est pas le blé de tel pays, de telle année; ce n'est pas le fer de telle ou telle qualité. Quand on dit que tel bien vaut tant d'or pur, tout est dit, l'évaluation n'est pas douteuse; quand on doit livrer et qu'on livre tant d'or pur, le payement est parfait.

L'or pur se pèse facilement, même quand il est combiné et fondu avec d'autres matières, car l'or peut être essayé : à ne le toucher que sur un point on vérifie le degré de pureté de tout un lingot, et sans le fondre ni le décomposer, on sait la quantité exacte d'or pur qu'il contient.

La masse de l'or existant est d'un volume et d'un poids exceptionnellement commodes. Si la masse monétaire était plus considérable, les pièces de monnaie seraient lourdes, encombrantes, peu portatives ; si la masse était moins considérable, les pièces de monnaie seraient trop légères, trop minces, peu maniables.

L'or est divisible, la petite économie se fait or et va à la caisse d'épargne.

L'or est fusible et malléable ; on le transforme en numéraire sous tous les régimes et sous tous les formats. Au creuset, le souverain redevient matière brute ; puis, et sans déchet, la matière se trouve à nouveau denier au balancier.

L'or est solide et résistant ; il est stérile, mais il ne se détériore pas, il se conserve tout seul et sans frais, il ne se rouille pas. De moitié dans tous les échanges, il survit à toutes les valeurs. La première pépite qui brilla aux yeux des hommes circule peut-être encore et circulera plus qu'elle n'a circulé.

Docile aux empreintes, l'or les conserve. En les conservant, il déclare son poids, son pays et son temps. Le denier est une médaille, le pile et croix est une science.

L'or est très-reconnaissable ; sans demander d'où il vient, sans voir la main qui le paye, un son vibrant, une couleur éclatante, un poids inimitable, annoncent que l'or est présent.

Avec un tel matériel roulant, la circulation n'a rien à craindre. L'or marche d'un pôle à l'autre, il revoit les antipodes qu'il avait quittés, tous les marchés lui sont ouverts, ou plutôt le globe n'est qu'un marché pour lui. Inaltérable, il traverse et l'espace et le temps; il est digne de convoyer la grande mutualité, la mutualité de l'échange.

Tout l'or est monnaie et tout l'or sera monnaie, mais il n'y a qu'un émetteur d'or: la nature. Il n'est donné à personne d'ajouter un seul atome à cette monnaie qui sort des entrailles de la terre. La valeur de l'or n'est pas absolument constante, car sa masse peut varier, mais la masse et la valeur de toute autre monnaie seraient beaucoup plus variables, et mieux valait certainement, pour la masse et la valeur de la monnaie, s'en remettre à la force des choses qu'à l'arbitraire des hommes.

L'or ne connaît pas de frontières, tous les idiomes le connaissent, il rend sociables des peuples éloignés que les idées, les religions, la politique ne pourraient aborder. C'est que l'échange est nécessaire, c'est

que la monnaie est indispensable pour l'échange,
c'est que l'or est la meilleure monnaie pour
l'échange du présent et pour l'échange du futur,
c'est que l'or est cautionné par les limites d'une production régulière, c'est que la nature est garante.
L'univers entier se sent rassuré.

Toute monnaie dépourvue de garantie naturelle
peut circuler dans un pays, mais elle y est comme
bloquée, elle ne peut circuler au dehors. Le monde
la dédaigne.

Infiniment plus apte que tous les autres corps
au rôle si important, si délicat, si nécessaire
de monnaie, fût-il le moins beau des métaux, ne
serait-il ni préféré par l'art ni chéri par le luxe, l'or
serait encore précieux.

Pourquoi donc s'étonner de la valeur de l'or?
Pourquoi dire que ce n'est qu'une valeur de convention, un signe représentatif de la valeur, mais sans
valeur par lui-même? La valeur de l'or n'est pas plus
mystérieuse que la valeur du fer, du bois, du blé, de
toute chose. La valeur d'un bien dépend de la masse
qui en existe et de son utilité comparée à l'utilité des
autres biens. L'utilité de la monnaie et de l'or

comme monnaie est évidente, frappante, absolue. La mesure de cette utilité est donnée par le besoin que chacun a d'avoir une certaine provision du bien évaluant, choisissant et roulant; et ce besoin est nécessairement proportionnel à la masse de l'or existant, à la valeur de l'inventaire de chacun, à la valeur de l'inventaire du monde.

La valeur de l'or est si rationnelle qu'elle obéit à tous les efforts qu'on fait pour l'amoindrir. On veut amoindrir la valeur de l'or parce que l'or ne rapporte rien, parce qu'il est stérile, parce qu'on a intérêt qu'il vaille le moindre tantième possible du capital général. On arrive à cette dépréciation par les payements économiques qui réduisent les provisions monétaires. Diminuer les provisions monétaires, ce n'est pas faire disparaître des quantités d'or; non, on n'en jette pas à la mer, la masse reste la même, mais sa valeur est moindre.

Ainsi, l'or n'est jamais ni trop ni trop peu précieux, il est toujours justement et utilement précieux ; sa valeur est dictée par une loi de proportionnalité, souveraine et bienfaisante comme la justice elle-même.

CHAPITRE XXVII

L'ARGENT

L'or est le plus noble, c'est-à-dire le plus rare et
le plus inaltérable des métaux. Après l'or vient l'argent. L'argent sert aussi de monnaie. Les mines ont
donné peut-être quatre-vingts ou cent fois plus d'argent que d'or. Cette abondance permet d'employer
une quantité énorme d'argent à faire autre chose
que de la monnaie. Mais cette abondance fait que
l'argent vaut beaucoup moins que l'or, il est moins
précieux.

Certains pays ont une seule monnaie, les uns l'or,
les autres l'argent. Les pays qui payent en or

frappent une quantité limitée de pièces d'argent pour les appoints; mais, en général, le métal argent n'est pour eux qu'un bien évalué. L'or est à son tour simple bien évalué dans les pays qui payent en argent.

Il y a aussi des pays où les deux métaux sont employés simultanément comme monnaie. Dans ces pays, pour établir deux monnaies, il a fallu fixer un rapport de valeur entre l'or et l'argent, il a fallu établir qu'une unité de poids d'or vaut invariablement un certain nombre d'unités de poids d'argent. Tant que l'or et l'argent se maintiennent réellement dans le rapport de valeur qu'on a fixé, les deux monnaies circulent simultanément; mais s'il arrive que le rapport de valeur varie par une plus grande importation ou exportation de l'un ou de l'autre métal; alors, dans ces pays à double monnaie, on ne voit plus circuler que le métal déprécié, l'autre disparaît : on le démonétise, on le fond, on l'envoie au dehors, ou quelquefois, par exception, on le conserve dans l'attente d'une plus-value encore plus grande. Quand on en en est là, personne ne fait plus frapper de monnaies avec le métal ren—

chéri, à moins que la loi n'intervienne pour fixer un rapport différent entre la valeur de l'or et celle de l'argent.

Quant aux payements entre deux pays dont l'un a seulement l'or pour monnaie, et l'autre seulement l'argent, on tient toujours compte des variations de valeur qui surviennent entre les deux métaux, absolument comme on ferait entre deux métaux non monétaires.

Le pays à monnaie double paye toujours avec la seule monnaie restée en circulation, celle qui est dépréciée. C'est prévu, personne n'a compté être payé avec l'autre métal.

La simultanéité des deux monnaies est favorable aux débiteurs, car ils ont toujours l'option de payer avec le métal qui a perdu de sa valeur, tandis que le créancier n'a pas le choix, il doit toujours accepter le métal qu'on lui livre.

Quant à l'institution monétaire, considérée au point de vue général, elle n'est nullement compromise par cet emploi simultané de deux monnaies.

L'argent fonctionne comme de l'or encombrant. Il faut tantôt un peu plus, tantôt un peu moins d'argent pour fournir une valeur égale à la valeur d'un poids donné d'or. Voilà tout. Tous les biens s'évaluent réciproquement, et toutes les monnaies en font autant entre elles.

Si l'or n'existait pas, c'est évidemment l'argent qui deviendrait monnaie unique et générale. L'argent aurait toujours un grand défaut, il est volumineux et peu portatif. Si l'or disparaissait, il faudrait désirer que l'argent disparût aussi dans de fortes proportions. Raréfié, il augmenterait de valeur, il ne serait plus encombrant, il aurait le même mérite que l'or disparu; ce qui revient à dire que si le métal or n'existait pas, il y aurait trop de métal argent.

CHAPITRE XXVIII

GÉOGRAPHIE MONÉTAIRE

Le tantième monétaire du monde ne peut être que la moyenne des tantièmes monétaires des différentes régions, comme un tantième monétaire régional ne peut être que la moyenne des tantièmes monétaires individuels de la région.

Telle région de l'Occident produit la matière monnaie. L'or est nécessairement un tantième considérable dans l'inventaire de ce pays. Un tantième monétaire élevé détermine ordinairement des prix peu élevés ; mais ici les effets du tantième élevé sont plus que contrebalancés par la masse énorme et toujours renouvelée dont le tantième se compose. Dans ce pays, l'or a une faible puissance, il est à bon marché, il en faut beaucoup pour acheter toute chose.

Telle région de l'Orient absorbe des quantités de métal précieux. Mais ce métal ne fonctionne pas comme monnaie, on l'enfouit. Pourquoi? Peut-être parce que la défense de prêter à intérêt empêche le commerce des capitaux futurs, et plutôt que de prêter sans intérêt, on préfère, et c'est naturel, ensevelir l'or. Cet or disparaît, il ne circule plus, il cesse, pour ainsi dire, d'exister ailleurs que dans la mémoire de l'enfouisseur. Le tantième monétaire de ce pays reste cependant élevé comme dans tous les pays où les communications sont difficiles et les échanges peu développés.

Telle région du Nord est très-riche, son inventaire est immense, les fortunes particulières y sont très-inégales, les payements économiques pratiqués sur une grande échelle. Le tantième monétaire y est par conséquent peu élevé. L'or est moins puissant qu'ailleurs, tout paraît plus cher qu'ailleurs. L'habitant de cette région qui se rend à l'étranger trouve que l'or achète plus que chez lui.

Telle région du Midi est aussi très-riche, son inventaire est immense, mais les fortunes y sont plus réparties, les payements économiques moins usités. Le tantième monétaire y est plus élevé, l'or est plus puissant qu'au Nord, tout paraît meilleur marché. Quand l'habitant de cette région se rend dans le Nord, il trouve que l'or achète moins que chez lui.

On ne s'expatrie pas, on ne quitte pas le travail qui fait vivre sur place, parce que l'or achète davantage ailleurs. C'est là ce qui fait que la différence entre la puissance de l'or est permanente d'un pays à l'autre. Chaque région vit avec son tantième monétaire comme avec son climat, avec ses prix comme avec sa langue.

Dans chaque pays, le tantième monétaire se forme rationnellement par l'utilité de la monnaie comparée aux autres utilités. Partout le tantième monétaire indigène se défend tout seul. Aucune volonté particulière ne peut le faire varier, car lui-même, le tantième, est un fait qui exprime l'accord de toutes les volontés et de tous les besoins.

Comme le tantième monétaire du monde, et sauf

de lentes modifications organiques, les tantièmes
monétaires régionaux peuvent être, eux aussi, con-
sidérés permanents. Il se peut néanmoins qu'un tantième monétaire régional vienne à être fortement se-
coué. C'est dans le cas d'une panique provoquée par
de grands événements publics. Alors on oublie que
l'or est stérile, et on se souvient que sa valeur est
plus fixe que celle des autres biens, on se souvient
qu'il est inaltérable, peu volumineux, facile à garder.
On vend tout pour avoir de l'or. La masse de l'or
reste ce qu'elle était, mais toute chose vaut moins
d'or. C'est le tantième monétaire qui augmente ; si
la monnaie valait un pour cent de l'inventaire régional, elle peut en valoir deux pour cent en pleine
panique. L'inventaire régional cesse de valoir
500,000, il ne vaut plus que 250,000, quoique
l'or existant soit encore 5,000 pesant.

CHAPITRE XXIX

LES COURANTS MONÉTAIRES

———

Le tantième monétaire du monde subdivisé en tantièmes monétaires régionaux constitue la statique de la monnaie. Le mouvement des masses monétaires en constitue la dynamique. L'or voyage. Il y a des courants monétaires.

Quand toutes les compensations sont faites entre les payements que les pays se doivent réciproquement, il reste un solde à payer ou à recevoir. Ces soldes, il faut les payer en or, et on les paye en or. L'or émigre d'un pays à l'autre. Le cas se produit souvent à l'occasion des emprunts qu'un pays négocie au dehors. Le pays qui emprunte exporte des titres qu'il remboursera plus tard, mais en attendant il faut lui payer ces titres. S'il ne se présente pas de lettres de change, de compensations directes ou indirectes, l'envoi d'or est inévitable et immédiat.

L'or peut émigrer, par exemple, d'une région du Midi et immigrer dans une région du Nord. Dans ce cas, le Midi se trouve avec plus de biens évalués qu'auparavant et avec moins de bien évaluant : de monnaie. Au Nord, c'est l'inverse : il y a moins de biens évalués et plus de monnaie qu'auparavant.

Que fait le tantième monétaire au Midi et au Nord? Il reste partout ce qu'il était, mais des changements opposés se produisent dans les deux régions relativement aux prix. Le Nord, ayant plus de monnaie qu'il n'en possédait, se comporte comme se comporterait le monde entier si l'or était produit en plus grande abondance. Tous les prix montent. L'or nouveau et l'or ancien ajoutés forment encore le même tantième de l'inventaire régional. Le Midi, ayant moins de monnaie qu'il n'en possédait, se comporte comme se comporterait le monde, si on enfouissait une partie de l'or existant. Tous les prix baissent

en proportion de la quantité d'or qu'on fait émigrer.
L'or qui reste forme encore le même tantième de
l'inventaire régional.

La baisse des prix serait moins forte au Midi si
l'or qui a émigré avait été donné gratuitement à
l'étranger, car l'arrivée des denrées ou des titres
qu'il paye augmente les masses des tantièmes non
monétaires, et l'augmentation des masses ne peut se
faire sans déprécier les unités qui les composent. Au
Nord, c'est l'inverse ; la hausse des prix serait moins
forte, si les marchandises ou les titres exportés
avaient été donnés gratuitement, ou si l'or qu'on a
reçu avait péri en voyage.

Ordinairement, l'or ne subit que des variations
externes de valeur, c'est-à-dire qu'il ne fait que re-
fléter en sens inverse, et une à une, les variations in-
ternes de la valeur des autres biens. Ainsi, si le blé
abonde, l'or vaut une plus grande quantité de blé.
Si le blé est rare, l'or en vaut une moins grande
quantité. L'or change ici de valeur, mais seulement
pour le blé. Il vaut encore ce qu'il valait auparavant
en fer, en immeubles, en toutes choses.

Mais si c'est l'or lui-même qui abonde ou qui se

raréfie, alors sa valeur subit une variation interne;
l'or devient plus cher ou meilleur marché pour le
blé, pour le fer, pour l'immeuble et pour toutes
choses.

Le courant monétaire atteint la masse monétaire
d'une région, il y provoque une variation interne
dans la valeur de l'or, il y détermine une secousse
monétaire, c'est-à-dire une perturbation de tous les
prix.

CHAPITRE XXX

LES SECOUSSES MONÉTAIRES ET L'ÉLÉVATION

DE L'ESCOMPTE

Lorsqu'une secousse monétaire se déclare, la différence dans la valeur de l'or entre un pays et l'autre n'est pas une différence permanente et irréductible comme la différence produite par les tantièmes monétaires inégaux ; c'est une différence accidentelle, anormale, contraire à la nature des choses et qui ne peut durer. L'équilibre doit se rétablir, tout le monde y travaille.

Sans qu'on tienne conseil ni au Nord ni au Midi toutes les volontés sont unanimes. Le mot d'ordre est donné par le bon sens. Que fait le Midi, la région de l'or renchéri, de tous les prix tombés? Il cesse d'importer les marchandises du Nord, marchandises qu'il faudrait payer avec de l'or devenu plus précieux. Il s'abstient surtout de lui prêter des fonds. Comment le Midi, qui a peu de monnaie, prêterait-il au Nord, qui en a beaucoup?

En même temps qu'il suspend ses achats et ses prêts à l'étranger, le Midi cherche à exporter lui-même des marchandises et à importer de l'or, de cet or qui est devenu bon marché au delà de la frontière. Tous les négociants, tous les banquiers agissent dans le même but; il y va de l'intérêt de chacun, il y va donc du salut public; bref, le pays tout entier sent qu'il est nécessaire d'arrêter la sortie de l'or, ou, pour mieux dire, il sent qu'il ferait de mauvais achats, qu'il prêterait à mauvaises conditions, si, en ce moment, il achetait ou s'il prêtait dans les pays où l'or est abondant.

Tout baisse donc au Midi: les titres, les immeubles, les denrées. Ceux qui ont besoin d'or sont obligés de le payer plus cher, c'est-à-dire de donner par contre un autre bien en plus grande quantité qu'à l'ordinaire. Ceux qui vendent des créances sont obligés de les vendre à meilleur marché que d'habitude. Ceux qui font escompter des lettres de change, des effets à ordre sont obligés de supporter un escompte plus fort que dans le temps normal. Rien de plus inévitable.

Un marchand de fer a vendu avant la secousse monétaire telle quantité de fer contre 100 d'or en un effet à ordre échéant dans trois mois. Naturellement, en vendant à trois mois il a fait payer le délai à son acheteur. Il aurait donné son fer pour 99 d'or au comptant, il l'a donné à 100, à trois mois, parce que l'escompte courant est à 4 pour cent l'an, ou 1 pour cent les trois mois.

L'acheteur a donc souscrit cet effet de 100 à trois mois.

Tout à coup la secousse monétaire se déclare. L'escompte s'élève à 8 pour cent l'an, ou 2 pour cent les trois mois. Le marchand de fer ne trouve plus que 98 d'or, s'il fait escompter l'effet de 100. Aurait-il raison de se plaindre, d'accuser quelqu'un? Nullement. Le un pour cent exigé en plus par l'escompteur n'est pas une augmentation d'intérêt c'est une prime à l'avantage de l'or actuel qui est rare, et au désavantage de l'or différé qui sera d'une abondance probablement ordinaire. Pour tout dire le marchand de fer, avec les 98 d'or qu'il reçoit, pourrait racheter ce même fer qu'il a vendu. Le fer était vendu 100, ce qui faisait 99 en réduisant l'opération au comptant ; mais actuellement l'or a renchéri, et l'or n'a pu renchérir qu'en dépréciant tous les autres biens, le fer est donc tombé à 98. Si le marchand avait vendu au comptant, son opération aurait été consommée à 99 ; mais il a vendu à terme, lui seul doit en supporter les conséquences. Vendre du fer à terme, c'est bel et bien acheter de l'or à terme; et, en achetant de l'or à terme, on n'achète pas le droit de le revendre, à prix fixe, avant l'échéance.

Est-ce que le marchand de fer rend compte du bénéfice qu'il recueille quand il se trouve dans une situation opposée? Car il lui arrive aussi de vendre du fer quand l'or est rare. Ce jour-là, si l'escompte vaut 8, il fait souscrire à son acheteur un effet de 100 à trois mois et lui livre telle quantité de fer valant 98 au comptant. Puis, si tout à coup l'escompte tombe à 4 et qu’il fasse escompter son effet de 100, il touchera 99 et non pas seulement 98, qui suffiraient pour le faire rentrer dans son prix de vente.

La vérité est que quand on vend à terme on est encore passible de la dépréciation des marchandises vendues, si cette dépréciation a pour cause le renchérissement de l’or. On ne cesse de courir de risque que le jour où l’engagement souscrit par l’acheteur est échu et acquitté. Quand on possède des effets à ordre, on doit : ou attendre l’or futur qu’ils promettent, ou, si l’on veut vendre cet or futur contre de l’or actuel renchéri, payer deux différences : 1° La différence du temps : l’escompte ordinaire ; 2° la différence de valeur entre l’or qui est rare et l’or qui ne sera pas rare : l’escompte supplémentaire.

Peut-on dans une année de mauvaise récolte emprunter du blé pour le restituer l’année suivante sac pour sac, et ne payer à cet échange que des intérêts au taux ordinaire? Certainement non, car l’agriculteur livrerait un blé rare, de grande valeur, et recevrait par contre un blé d’abondance et de valeur probablement habituelles. Les intérêts au taux ordinaire ne l'indemniseraient pas de l'écart entre le prix du blé donné et le prix du blé rendu.

La valeur de l'or n'est pas aussi changeante que la valeur du blé ou des autres biens, il s'en faut, et c'est pourquoi on a pris l'or comme monnaie. Mais, de ce que l'or est une monnaie in-comparable, il ne s'ensuit pas qu'il soit absolument immobile dans sa valeur. L'immobilité de valeur suppose en même temps l'immobilité de tantième et l'immobilité de masse, supposition absurde, fait impossible.

Mais on ne peut dire que la valeur de l'or est sujette à variation sans reconnaître que si en temps de variation on échange de l'or futur contre de l'or présent, il faut, pour établir l'équivalence, tenir compte non-seulement de l'intérêt, mais aussi de l'écart entre la valeur de l'or qu'on cède et de l'or qu'on reçoit.

On ne garantit plus désormais le prix du pain aux pauvres; doit-on garantir le prix de l'or aux riches?

Heureux encore les escomptés quand une secousse monétaire se fait sentir! La dépréciation est générale, ruineuse. On ne peut vendre ni titres ni denrées sans subir des pertes énormes. On vend au contraire les lettres de change et les effets à ordre sans autre préjudice que quelques semaines d'escompte calculées à un taux annuel plus élevé. Si tout le monde pouvait traverser la secousse monétaire à de pareilles conditions, on devrait s'en féliciter.

L'élévation de l'escompte pendant la secousse est un fait spontané, aussi spontané que la secousse elle-même. Elle est une manifestation naturelle de la corrélation d'équilibre qui existe entre toutes les valeurs, elle est en même temps une demande de secours monétaire que les pays du dehors entendent toujours.

Dans le Midi les prix s'abaissent et l'escompte s'élève; aussitôt les yeux sont tournés et les bras sont tendus vers le Midi. Le Midi vend à bon marché ses denrées, il donne à bas prix ses propres titres et les titres étrangers qu'il a en portefeuille : on lui achète. La devise Midi (lettre de change ou effet à ordre) est soumise à un escompte très-productif : l'étranger se fait l'escompteur du Midi, et par suite son débiteur immédiat. Mais l'étranger ne trouve pas à payer sa dette par voie de compensation, attendu que le Midi visité par la secousse monétaire a ralenti toutes ses importations et ne doit rien au dehors. L'étranger ne peut se libérer qu'en expédiant de la monnaie, ou des devises étrangères. Mais ces devises étrangères sont elles-mêmes de la monnaie toute prête, car le Midi, n'ayant aucun payement à faire à l'extérieur, ne peut que les envoyer aux pays qui doivent les payer ; il les y envoie en effet, les y fait escompter et se fait remettre le numéraire. L'or arrive, l'équilibre général se rétablit ; la secousse passe.

Que si quelque imprudent voulait empêcher la hausse naturelle et salutaire de l'escompte, il lui faudrait offrir de l'or renchéri au bas prix qu'il valait avant le renchérissement. Alors tous les portefeuilles se videraient, tous les porteurs de lettres de change demanderaient en foule à se faire escompter.

S'il continue à fournir de l'or à bas prix, l'escompteur sera bientôt à court. Mais le vertige le domine, il a promis d'escompter à bon marché, il veut persister ; il paye en billets de banque. Ces billets sont remboursables en or et à vue. L'escompté va au remboursement. Il connaît à merveille la situation : la monnaie étant chère, il suspendait ses achats au dehors ; mais on lui donne de l'or à bon marché, il en profite, il continue ses achats et ses prêts à l'étranger. Le pays manquait d'or, voilà que l'or continue d'émigrer.

L'escompteur augmente son capital, il vend les titres, les rentes dont il est propriétaire, il en avait même vendu d'avance en prévision de la secousse, il vend toujours, mais quoi ! L'or qui lui arrive n'augmente en rien les ressources monétaires du pays, c'est de l'or qui entre dans une caisse, mais qui sort d'une autre, ou qui passe simplement d'un compte à un autre ; la pénurie générale est encore la même, avec cette aggravation que l'or va se trouver dans l'endroit le plus dangereux, dans les mains d'un prodigue qui le donne trop bon marché, et qui pousse ainsi à une nouvelle exportation.

L'imprudent escompteur commence à douter de lui-même, il voudrait trier les effets qu'on lui présente à l'escompte, n'en prendre qu'une partie, refuser les autres sous prétexte qu'ils sont mauvais. On lui en fera des bons, les maisons les plus puissantes de l'étranger tireront sur les maisons les plus puissantes de l'intérieur. Le bénéfice est certain ; on a ouvert un grenier d'abondance, on y vend l'or au rabais, on a bien le droit d'en acheter si on en donne le prix affiché.

A ce travail, les provisions monétaires du pays sont vite entamées. L'alarme est donnée. La foule accourt, et, les billets à la main, elle redemande impérieusement, elle exige son or. L'escompteur est forcé de s'avouer impuissant; il va tomber; mais sa chute écraserait trop de monde, on le tiendra debout sur la honteuse béquille du cours forcé.

La secousse monétaire ne se déclare presque jamais dans un seul pays. Ordinairement plusieurs pays voisins la subissent en même temps sous l'influence d'une forte exportation de métal précieux qu'on envoie dans une contrée lointaine. Alors ces pays n'en font qu'un, au point de vue monétaire. La baisse des prix y est commune, toutes les cotes signalent des cours descendants, les lettres de change subissent dans tous ces pays à la fois un escompte plus élevé, car l'or y est partout très-rare, très-précieux. Tout cela est inévitable. Le phénomène contraire se produira dans tous ces pays quand l'or y reviendra de n'importe quelle partie du monde. Hausse générale de tous les prix, dépréciation de l'or, baisse de l'escompte.

Evidemment, si un pays prétendait escompter à bon marché quand plusieurs régions subissent la même secousse par défaut d'or, il n'irait pas loin. Il serait seul contre tous, seul contre la gravitation universelle. Tout son or partirait avec une vitesse effrayante. Eh bien, le pays qui perd son or, qui n'a plus pour monnaie que du papier, descend bien bas. Les transactions souffrent à l'intérieur, et toute puissance d'achat, toute facilité d'emprunter, toute possibilité de prêter sont compromises à l'extérieur.

Les secousses monétaires sont des accidents de force majeure, et les remèdes qu'on suggère contre elles ne sont point des remèdes. Qu'on augmente le capital des banques, qu'elles réalisent tous leurs titres, qu'elles reçoivent même un secours inespéré par la découverte d'un grand trésor enfoui : tout est en vain, si l'escompte reste stationnaire. Ce n'est pas en versant de l'eau dans un canal où des fuites se sont déclarées qu'on rétablit son niveau; c'est tout d'abord en arrêtant les fuites. Si la monnaie continue à sortir, des silos remplis d'or y passeraient. Escompter au-dessous du taux naturel, c'est défier la tempête, c'est se jeter dans l'abîme et y entraîner tout le monde.

Partout et toujours le principe du tantième monétaire gouverne les prix avec la rigueur de la règle de trois.

Exportation d'or, importation de denrées ou titres, c'est la baisse des prix. Importation d'or, exportation de marchandises ou titres, c'est la hausse de tous les prix.

Seuls, les peuples policés savent ce que c'est qu'une secousse monétaire et peuvent l'étudier. Les nations attardées ne se doutent guère que l'or en voyageant produise des effets si considérables; elles ne savent pas non plus ce que c'est qu'une explosion de gaz, un déraillement, un télégraphe brisé.

Les variations dans la masse de l'or, les perturbations dans les prix, les soubresauts dans le taux de l'escompte causent des malheurs, c'est vrai; mais il faut savoir les supporter, parce qu'ils sont inévitables, et réserver les moyens d'action pour lutter contre des maux qu'on peut prévenir ou qu'on peut réparer.

Les secousses monétaires seraient inconnues si le commerce était restreint, timide, hermétiquement bloqué dans chaque région par des douanes infranchissables qui ne laisseraient rien entrer ni sortir, ni or ni marchandises. Les secousses monétaires sont au contraire plus fréquentes depuis que le commerce entre les peuples est moins gêné par la raison d'État, depuis que les moyens de communication plus sûrs et plus rapides ont fait naître des échanges plus nombreux et plus importants entre les pays séparés par de grandes distances.

On ne saurait prévoir la disparition des secousses monétaires sans prévoir d'abord comme possible une intensité extrême des causes mêmes qui les provoquent. Il faudrait que les communications entre toutes les parties du monde devinssent infiniment plus rapides qu'elles ne le sont. La vélocité l'emportant sur l'espace, la sphère terrestre en serait comme devenue plus petite. Tous les peuples se trouveraient par le fait beaucoup plus rapprochés qu'ils ne le sont aujourd'hui. Alors, il n'y aurait plus de secousses monétaires dans un univers qui ne serait qu'une cité. L'or cesserait de voyager.

Qu'arriverait-il si, par supposition, l'or sorti d'une région ou de plusieurs régions adjacentes n'était pas remplacé par de l'or nouveau? Après un certain temps, on s'habituerait au tantième monétaire composé d'une masse d'or réduite, et on conserverait les bas prix dictés par l'émigration de l'or. Mais l'escompte reviendrait à son taux ordinaire, car en cessant de prévoir le retour de l'or, on cesserait de considérer l'or présent comme plus rare et plus précieux que l'or futur.

CHAPITRE XXXI

LES BANQUES D'ÉCHANGE ET LA SUPPRESSION DE LA MONNAIE

Du moment que l'homme échange des paroles, il ne peut manquer de se faire un dictionnaire et des règles grammaticales. Du moment que l'homme échange des biens, il ne peut manquer de se faire une monnaie et des règles d'évaluation.

On n'a jamais découvert de pays qui n'eût pas un système monétaire établi de temps immémorial.

L'institution monétaire est admirable. Un seul bien, le bien-monnaie sert à évaluer, à choisir, à rouler tous les autres; et ce même bien fait de l'inventaire général un ensemble de capitaux.

Cependant l'institution monétaire a eu des adversaires. Le désir de porter remède aux maux dont souffre l'humanité a provoqué des recherches sur le mérite de toutes les institutions. La monnaie est devenue suspecte. On a étudié la misère et le travail, et on s'en est pris à une petite portion de l'inventaire général, à la monnaie, comme si elle était pour quelque chose dans la répartition de l'inventaire général et dans les conditions du travail. La monnaie a été accusée de cacher des injustices; le bien suprême devait consister à s'en passer.

C'est là l'origine des banques d'échange.

Des ministres, qui étaient des savants illustres, accordèrent leur patronage à la fondation d'un établissement destiné à développer l'échange direct des biens, sans dédoubler l'opération au moyen de la monnaie. Cet établissement s'appela banque d'intervention. Un demi-siècle après, on vit paraître des établissements analogues sous la dénomination de banques d'échange.

Ces établissements font appel aux biens non monétaires, qu'on veut échanger les uns contre les autres. L'appel n'est jamais entendu, car si on donne en échange le bien qu'on possède, c'est pour avoir de la monnaie, du bien qui permet immédiatement de choisir à volonté entre tous les biens l'autre bien qu'on recherche, et de le choisir dans toutes les mains, en tout lieu et en tout temps ; ce n'est pas pour s'astreindre à n'acquérir que certaines denrées exposées par certains vendeurs dans certain établissement, denrées dont on n'a que faire, et qu'il faudrait encore aliéner. Si quelques marchandises se présentent personne n'en veut ; ce sont des marchandises attardées, fabriquées mal à propos.

Tel est le sort des banques d'échange. On ferait mieux d'avouer que, s'il y a des articles invendus, ce n'est jamais parce que la monnaie manque sur le marché, c'est parce qu'ils ne conviennent à personne. On pourrait soit doubler, soit tripler la monnaie existante, soit la supprimer, que ces articles resteraient toujours en magasin.

Qu'on suppose la monnaie disparue, et la banque d'échange en plein exercice. Croit-on qu'on échangera mieux, qu'on échangera davantage ? que les

besoins inverses et réciproques seront mieux satisfaits ? Illusion profonde. La disparition de la monnaie, c'est l'apparition du troc, c'est-à-dire de l'é-
change direct, informe, difficile, aventureux, rebelle
aux évaluations, rebelle aux subdivisions, échange
repoussé avec raison même par les barbares.

Il n'est pas défendu, du reste, de troquer quand la
rare occasion s'en présente, et il n'est pas défendu de
dédaigner ce grand instrument de l'échange, la monnaie. Il n'est pas défendu non plus de dédaigner ni
la vapeur ni l'électricité.

Il est bien d'être l'avocat de tous les infortunés
et l'ennemi de toutes les iniquités ; on n'est cependant secourable à personne et on ne répand aucune
lumière en attaquant ce que le génie humain a
fondé de plus utile, de plus impartial, la monnaie.

CHAPITRE XXXII

LA MONNAIE TERRITORIALE ET LE BILLET A RENTE

Plus d'une fois on a songé à remplacer l'or par une monnaie nouvelle.

Entre autres inventions, on imagina de monnayer le bien le moins propre à évaluer et à payer les autres biens : la terre.

Évaluer avec l'or est facile; il n'y a qu'un or, toujours égal à lui-même, toujours identique dans toutes ses molécules. Il y a, au contraire, une variété innombrable de terres, les unes très-différentes des autres, les unes valant beaucoup plus ou beaucoup moins que les autres, et les unes et les autres changeant souvent de valeur. La terre-type capable d'évaluer les autres biens n'existe pas.

Payer avec l'or est bien simple. On se remet le métal de la main à la main par quantité très-exacte, et tout est fait; la libération est accomplie; l'échange est vraiment consommé. C'est, au contraire, une longue opération que de transmettre une terre. Puis, la terre n'est pas très-divisible. Puis, il faut cultiver, administrer. Bref, la terre ne peut servir de monnaie.

Mais, dit-on, on ne payera pas avec la terre elle-même, on payera avec un titre représentatif de la terre, avec un papier territorial. Que peut dire ce papier? S'il dit : « Bon pour une surface de terre de telle dimension », la difficulté reste la même; il faut évaluer les autres biens avec des surfaces de terre qu'on ne connaît pas; il faut, à tout moment, accepter en payement de la terre qu'on n'a jamais vue, qui est plus ou moins bien située. Si le papier dit : « Bon pour telle somme d'or garantie par de la terre », alors ce n'est plus la terre qui est monnaie, c'est l'or lui-même, et ce papier n'est autre qu'une créance.

La terre donne des produits. A qui doivent appartenir ces produits? S'ils appartiennent à l'émetteur du papier, cet émetteur se trouvera en jouissance de deux capitaux, au lieu d'un seul qu'il possédait; car il aura les produits de la terre, et il aura les produits de tous les biens qu'il achètera en émettant le papier. C'est inadmissible. Si le public acceptait une telle monnaie, l'émetteur n'aurait qu'à continuer ses émissions pour acquérir gratuitement tous les biens existants. Ce serait la confiscation générale. Que si les produits sont dévolus au porteur du papier, alors ce papier deviendra une véritable obligation foncière. Ce peut être un titre excellent, mais ce n'est pas une monnaie.

On peut en dire autant de tous les billets à rente qu'on a proposés comme monnaie. Le billet à rente produit des intérêts, des intérêts qui ne peuvent être détachés et perçus qu'à certains jours plus ou moins éloignés. De plus, ce billet attend des intérêts périodiques, de véritables jouissances annuelles ou semestrielles, plus ou moins rémunératoires, et assurées pour un temps plus ou moins long. Chaque jour, et à chaque payement, il faut commencer par apprécier, supputer, calculer ce que vaut le double accessoire : les intérêts acquis mais non échus, et le droit aux intérêts ultérieurs. Elle a donc besoin de se faire évaluer elle-même cette prétendue monnaie, cette mesure élastique, et de se faire évaluer par la monnaie stérile, par la mesure fixe, par l'or qu'elle prétend remplacer.

Émis par les banques d'escompte et facilement convertible en monnaie, le billet à rente peut très-bien convenir aux capitaux flottants. Entre acheter ce billet ou verser des sommes en compte courant aux banques d'escompte il n'y a aucune différence, si ce n'est qu'avec le billet on possède une créance indivisible, et que par le compte courant on peut tirer à volonté des chèques, mandats ou virements, jusqu'à concurrence de la créance.

Monnaie territoriale ou billet à intérêts, rente temporaire ou rente perpétuelle, quelque solide que soit le gage, ce ne sont jamais que des créances, et, comme telles, elles sont dépourvues de toute capacité évaluatrice et payante. L'or n'est pas une créance, c'est un bien lui-même, il transporte avec lui sa valeur tout entière.

Toute machine est une combinaison de l'intelligence. Pour la construire, il faut des matériaux qui entrent dans la combinaison, mais qui ne sont pas la combinaison elle-même. Il en est ainsi avec l'institution monétaire, combinaison qui consiste à prendre un bien pour évaluer et payer tous les autres. Ce bien, on ne peut le créer, il faut le prendre et là seulement où il se trouve : dans l'inventaire général, non pas dans les livres d'un débiteur ou dans l'imagination d'un comptable.

CHAPITRE XXXIII

LA DÉPENSE MONÉTAIRE

Combien coûte à la communauté le service monétaire ?

En comptant à 5 pour cent l'an l'intérêt perdu
sur la monnaie, et en supposant que la monnaie
existante vaille même un centième du capital général,
la dépense annuelle de 5 se répartit sur 10,000 de
capital, ce qui fait un sur 2000. Mais si l'inventaire
général, c'est-à-dire l'ensemble de tous les biens
existants vaut, par hypothèse, 500,000 pesant d'or,
le bilan général, qui comprend toutes les dettes et
toutes les créances, présente un chiffre beaucoup

plus élevé. Les dettes et les créances, masse énorme de promesses, d'obligations, de rentes, d'hypo-thèques, de lettres de change et de titres de toutes sortes, n'augmentent en rien, c'est vrai, la valeur de l'inventaire général, elles ne font que la ca-dastrer personne par personne. Il en est de tous ces titres comme des actions d'un chemin de fer: on peut les vendre, les céder, les donner en gage; on peut les réunir dans une caisse avec d'autres actions, et émettre par contre des actions à nouveau, tout cela regarde les propriétaires; mais la propriété, le chemin de fer reste ce qu'il était. Cependant, et quoique les dettes et les créances n'augmentent pas l'inventaire général, elles donnent lieu à des échanges innombrables où la monnaie est encore de moitié. Que si on fait un seul montant du montant de tous les biens et du montant de toutes les dettes et créances qu'on échange annuellement, et si on répartit au prorata sur la valeur de tous ces échanges la dépense monétaire pro-duite dans l'année par la perte des intérêts sur toute la valeur de toute la monnaie existante, on trouve assurément que la dépense monétaire

afférente à chaque échange est tout-à-fait mi-
nime.

Il faut donc l'affirmer : aucune invention humaine n'est plus utile que la monnaie, aucune
institution sociale n'impose moins de dépense que
la monnaie.

On ne saurait demander à l'institution monétaire
ce qu'elle ne peut ni ne doit donner. Son rôle est
de rendre praticables, parfaits, peu coûteux les échanges, grands ou petits, mais elle ne donne à personne
ni la richesse ni la misère. Qu'on supprime la monnaie ou qu'on en augmente la quantité autant qu'on
voudra : ni les riches ni les pauvres ne s'en trouveront ni mieux ni plus mal, les uns comparativement aux autres, car l'inventaire général restera
le même, et ce n'est pas la monnaie qui décide
de sa répartition.

CHAPITRE XXXIV

LE CRÉDIT

L'échange est un fait aussi ancien que le monde.
Le crédit est un mot relativement nouveau. Mais
quels succès on lui a faits, quel concert d'acclama-
tions ! Le crédit opère des prodiges, il ne faut que
le répandre, l'organiser, et il en opérera d'immensé-
ment plus grands. Voilà ce qu'on dit.

Qu'est-ce le crédit ? C'est la possibilité d'emprunter des capitaux par la confiance qu'on inspire.
Eh bien, cette possibilité est rare, très-rare. Qu'on
examine de près les opérations aujourd'hui quali-
fiées d'opérations de crédit, et on verra qu'elles

sont généralement de simples échanges. Le crédit, la confiance dans la plupart des cas n'y sont pour rien.

L'institution monétaire a fait de l'inventaire général un grand capital, et elle a fait des capitalistes, c'est-à-dire des personnes qui ne veulent pas être propriétaires d'un bien spécial, mais propriétaires d'un lot du capital général. Que font ces capitalistes? Ils prêtent sur hypothèque. L'immeuble est plus que suffisant pour garantir le capital prêté. Il suffit si bien que le capitaliste n'a pas même besoin de s'enquérir de la moralité de l'emprunteur.

Vendre un immeuble et ne recevoir qu'une partie du prix est une opération qui se pratique très-couramment, parce qu'on a privilége de vendeur sur l'immeuble pour toute la somme qui reste due. Eh bien, le capitaliste qui prête sur hypothèque a le même privilége, il a privilége de vendeur. En se constituant créancier sous cette forme, il ne se fie qu'à l'immeuble, et même dans cette opération il apporte une grande réserve, car il n'avance que la moitié, les trois quarts de la valeur de l'immeuble.

Si bien que le propriétaire étant propriétaire court lui les risques de la dépréciation et que le prêteur étant prêteur n'en court aucun. Est-ce de la confiance, est-ce du crédit?

Le prêt hypothécaire est en réalité un échange de capitaux au comptant. C'est donnant donnant, l'un verse l'argent, l'autre transfère l'immeuble. Si, à l'expiration du terme, l'hypothéqué ne remplit pas l'engagement contracté de défaire l'échange, de reprendre l'immeuble, et de rendre l'argent, le prêteur aura bien quelques formalités à remplir, mais il est payé et payé dès l'origine; car l'âme de l'immeuble est déjà sa propriété.

Ce qui est vrai pour les hypothèques est également vrai pour toutes les opérations sur nantissement. Les monts-de-piété, les magasins généraux, les acheteurs de fonds publics sont propriétaires par anticipation des objets donnés en gage et du produit des impôts.

Le propriétaire qui loue sa maison ne fait crédit que d'un trimestre, quelquefois même on lui paye quelques termes d'avance, et toujours les meubles qu'on apporte dans la maison sont sa propriété si on ne paye pas le terme.

Les ouvriers, les fonctionnaires, qui ne sont payés qu'au bout de la semaine ou du mois, font crédit, mais c'est un crédit sans importance. Il serait trop incommode de rendre quotidien le payement des honoraires.

L'émission d'actions ou d'autres titres est-elle une opération de crédit? Nullement. On commence par appeler un versement qui répond amplement des versements complémentaires. Le souscripteur qui, à l'époque voulue, ne fait pas ces versements complémentaires, est déchu. On verse pour lui, et on vend le titre pour son compte. Le crédit est pour si peu dans ces émissions que très-souvent l'émetteur ne connaît même pas les souscripteurs, les titres étant au porteur.

On sait que les chèques (mandats ou virements), que la délégation, que la compensation sont des payements économiques, et non des actes de crédit.

On sait à quoi se réduit le crédit en fait de lettres de change et d'effets à ordre. Les stipulations sont si sévères qu'on se considère déjà comme payé quand on a pu régler en effets à ordre une revendication quelconque. Le débiteur est alors transformé en caissier, et si la caisse est dégarnie au terme toujours prochain de l'échéance, le caissier est mis au ban du commerce. Est-ce de la confiance? Est-ce du crédit ?

C'est quand on vend des marchandises sur facture qu'on fait réellement crédit, mais c'est du crédit en marchandises, marchandises sur lesquelles on perçoit, non des intérêts, mais de gros bénéfices, ou vraiment marchandises de rebut dont on veut se défaire en les vendant même à crédit.

Deux parieurs qui ne déposent pas la somme pariée, et qui attendent l'événement futur d'où dépend le gain ou la perte, font crédit. On fait ce crédit parce qu'il est réciproquement simultané pour les deux parieurs et parce qu'on joue.

Qnelquefois, dans l'espoir de sauver un capital périclitant, on avance de l'argent; on fait crédit, mais c'est à corps défendant; on serait heureux de pouvoir échapper à cette triste nécessité.

Bref, le véritable crédit, le crédit de confiance, celui qui consiste à débourser un capital sonnant pour le prêter à intérêt sur simple garantie personnelle, n'a lieu que très-exceptionnellement, et ce n'est pas une affaire, c'est un acte d'amitié.

Le mérite des temps modernes n'est pas d'avoir propagé le crédit, mais d'avoir amélioré, augmenté, perfectionné, multiplié les voies de communication, les moyens d'information, les points de rencontre. L'échange des biens et des capitaux est devenu beaucoup plus facile, plus simple, plus rapide. Et pour vendre et pour acheter le marché est meilleur qu'il n'était. Mais, en réalité, le crédit ne s'est pas étendu et il ne peut s'étendre. Le danger est trop grand.

Des hommes entreprenants, d'une capacité reconnue, font appel aux capitaux individuels, les réunissent en capital social et font de grandes choses. Mais on ne les leur prête pas ces capitaux, ils restent la propriété des actionnaires, des actionnaires qui font administrer une partie de leurs biens par les sociétés, comme ils en font gérer une autre partie par des hommes d'affaires, par des notaires, par des mandataires quelconques.

Dans le fait d'être associé, dans le fait de commanditer, il n'y a pas l'ombre de crédit. L'association est un échange de capitaux. On donne un capital individuel, et on reçoit instantanément une portion du capital social.

Bien plus, le développement des entreprises par actions est une circonstance qui s'ajoute aux autres pour détourner les capitalistes du crédit. Prêter un capital sonnant sur garantie personnelle, courir les risques de non-remboursement et n'avoir aucune part aux bénéfices en cas de succès ! On s'y décide à grande peine; il est de beaucoup préférable de mettre son capital en société, en commandite; si on court des risques, on a aussi des chances de bénéfice et on reste propriétaire d'une portion du capital social.

Parmi les sociétés par actions, il y en a qui sont fondées tout exprès pour servir d'intermédiaires entre les capitaux à échanger, capitaux fonciers, capitaux flottants, ou capitaux industriels répartis eux-mêmes par actions. Ces établissements sont utiles, mais c'est à tort qu'on les appelle Sociétés de Crédit. Les anciens leur auraient donné un nom plus pittoresque et plus vrai : monts de capitaux.

On est à la recherche de l'organisation du crédit comme on était autrefois à la recherche de la pierre philosophale. Qu'on essaye donc de recruter le personnel! Les emprunteurs accourront, mais les prêteurs, ceux qui devront débourser l'argent à prêter, où les trouver? Les particuliers et les établissements refuseront toujours de prêter aux tiers sur simple garantie personnelle, à moins d'y être exceptionnellement déterminés par le dévouement ou la bienfaisance. Peut-on espérer, peut-on vouloir organiser le crédit sur de telles bases?

Quant à la communauté politique, État, Province ou Commune, loin de distribuer le prêt, elle ne peut que ramasser l'emprunt en vendant les revenus publics sous forme de rentes.

Le crédit n'est pas une Terre Promise. Il est bon de s'en convaincre et de se conduire en conséquence.

Ce n'est point le crédit qui améliore les fortunes, c'est le travail, l'activité, la capacité, la prévoyance, l'économie, l'énergie, la constance, à moins que ce ne soit le hasard d'une trouvaille ou d'un héritage.

CHAPITRE XXXV

LES BANQUES D'ÉMISSION ET L'OR SUPPOSÉ

L'insurrection contre la monnaie et contre l'or ayant échoué, on s'est jeté dans la voie opposée. On a dit : l'or est un bien, il faut donc en avoir beaucoup. La nature fait l'or, la main de l'homme en fera aussi.

L'ancienne caisse de dépôt instituée contre l'altération de la monnaie a été l'instrument de cette nouvelle expérience.

L'ancienne caisse de dépôt recevait de l'or à garder et le déposant pouvait ou se faire ouvrir un compte personnel de dépôt ou retirer des reconnais-

sances au porteur d'or déposé. S'il avait un compte,
il disposait par mandat ou par virement. S'il retirait
des reconnaissances, il pouvait utiliser son or, soit
en allant le toucher, soit en cédant à d'autres la reconnaissance elle-même. La caisse de dépôt connaissait les déposants, qui avaient des comptes
personnels, elle ne connaissait pas les autres, les
porteurs de reconnaissances, mais elle gardait également intact l'or des uns et des autres.

Que devient l'or déposé quand la caisse de dépôt
se transforme en banque d'escompte? Les titulaires
des comptes courants cessent d'être déposants, ils se
font créanciers; donc la banque qui leur paye intérêt
peut disposer de cet or pour faire des escomptes.
Mais les porteurs de reconnaissances de dépôt ne
sont pas dans ce cas, on ne leur paye pas d'intérêt,
ils sont plus que créanciers, ils sont déposants et
l'or déposé leur appartient, il est sacré.

Les banques peuvent-elles disposer des titres
qu'on dépose dans leurs caisses? Non. Il est écrit
dans tous les codes que le dépositaire doit non-seulement rendre, mais garder la chose qu'il a reçue en
dépôt. Malgré cela, on a entrepris de disposer de

l'or déposé par les porteurs de reconnaissances. Puis, du moment qu'on laissait circuler les reconnaissances après avoir disposé du dépôt, on se décida à émettre des reconnaissances de dépôt, des billets de banque sans avoir reçu aucun dépôt. Il n'y avait là aucune différence. C'était également des billets de banque à découvert, de la monnaie fiduciaire.

L'abus est devenu usage, l'usage est devenu loi et souvent privilége. Les banques qui frappent la monnaie fiduciaire s'appellent banques d'émission. Pour donner du poids à cette monnaie, on promet de la rembourser en or à première réquisition. On promet là ce qu'on a la certitude de ne pas pouvoir tenir.

Il y a telle banque privilégiée qui a lancé et qui maintient dans la circulation des billets dont le montant est peut-être égal au cinquième de la monnaie métallique qui existe dans le pays. Que possède cette banque pour faire face à l'engagement pris de rembourser à vue une dette si énorme et toujours échue? Elle possède des immeubles, des fonds publics et des effets à échoir. Ce sont des biens réels et des valeurs excellentes, mais ce sont

des biens invendus ou des valeurs futures; biens
et valeurs avec lesquels on ne peut rien payer sur
l'heure. Quant à l'or qu'on doit rembourser aux
porteurs de billets, il n'existe nulle part. La provision ordinairement limitée qu'on inscrit au bilan
de la banque ne lui appartient très-souvent que
pour la moindre partie, tout le reste est la propriété
des titulaires de dépôt, véritable propriété, car la
banque d'émission ne paye aucun intérét à ses
comptes-courants, elle n'est pas leur débitrice, mais
simplement dépositaire de leur or, et ils peuvent
l'exiger à toute minute. On a beau dire que la con-
vertibilité en or des billets est garantie par l'encaisse.
On répondra que cette encaisse n'appartient pas au
garant, que donc elle ne garantit rien. Elle a un
propriétaire et ce propriétaire ce n'est pas la banque, ce n'est pas le porteur de billets, c'est le déposant nominatif, le compte-courant sans intérêts.

Favorisé par la puissance publique, le billet de
banque est cependant accepté ; il est accepté parce
qu'il est très-portatif, très-commode et qu'il rend à
cet égard le même service que rendait la reconnaissance d'or déposé ; il est accepté, parce que, malgré

l'expérience, on compte qu'on ne demandera jamais
à la banque de gros remboursements ; il est accepté
surtout parce qu'on lui attribue une action bienfaisante sur la circulation, sur le crédit, sur le taux de
l'escompte, sur l'augmentation des richesses. On
l'accepte, comme on accepte l'or lui-même. Le billet
de banque possède en effet des qualités. Il évalue,
il choisit, il roule, il paye, il forme les capitaux, il
ne rapporte rien, il est stérile, c'est bien de l'or.
Mais c'est de l'or supposé.

CHAPITRE XXXVI

L'OR SUPPOSÉ ET LA CIRCULATION

La monnaie est le véhicule de l'échange, c'est sur elle que repose la circulation de tous les biens. Mais comme elle est stérile, on s'est constamment et unanimement appliqué à s'en passer autant que possible.

Tout à coup on oublie le programme et on tombe dans une déplorable contradiction. On prisait l'or, mais on se défendait contre sa stérilité; maintenant, on voudrait le mépriser, mais on le contrefait, on contrefait même sa stérilité. On se flatte par là d'augmenter la circulation.

D'abord, la circulation n'est pas un but. On ne
fait des échanges qu'autant qu'on les croit utiles et
non point pour faire circuler le matériel monétaire ;
ensuite il n'est pas possible d'augmenter réellement ce matériel.

On peut découvrir des rivières charriant l'or
comme le sable, on peut émettre tout l'or supposé
qu'on voudra, l'effet est identique, ou, pour mieux
dire, l'effet est également nul. On augmente la masse
monétaire, on fait monter tous les prix, mais la
monnaie, le matériel roulant de la circulation vaut
encore le même tantième du capital général.

L'or pesait 5,000 dans un inventaire général évalué 500,000 d'or pesant; qu'il arrive 1,000 d'or
vrai fraîchement découvert , ou qu'on émette
1,000 d'or supposé, la masse monétaire devient
6,000 et le capital général s'appelle 600,000. L'inventaire est le même qu'auparavant, le tantième
monétaire est le même aussi : un pour cent.

On ne peut faire de plus grand honneur à l'or
supposé que de l'accepter comme or vrai ; mais tout
en l'acceptant, il n'est pas possible d'oublier que
l'augmentation de la masse de l'or vrai lui-même

n'est d'aucun avantage pour la circulation, et n'ajoute rien aux forces mouvantes de l'échange.

Pensant que l'or naturel était insuffisant, on a voulu se faire en abondance de l'or humain, mais par le fait on n'a ni plus d'or ni plus de monnaie. L'or vrai et l'or supposé pris ensemble valent ce que valait l'or vrai à lui tout seul, c'est-à-dire le même tantième du capital général; seulement, au lieu d'avoir une monnaie entièrement bonne, on a une monnaie en partie bonne et en partie mauvaise.

Au lieu d'augmenter la circulation, on a endommagé le matériel roulant.

CHAPITRE XXXVII

L'OR SUPPOSÉ ET L'INTÉRÊT

L'or supposé ne coûte rien à la banque qui le délivre, donc elle doit le donner à bon marché. C'est le moins qu'elle puisse faire, dit-on, que d'escompter à un taux modique.

Par ce côté, le système des banques d'émission donne la main un peu de loin à la théorie qui supprime l'intérêt, et d'assez près à celle qui prétend le réduire.

Erreur. Comment réduire le taux de l'intérêt par l'abondance de la monnaie, quand la monnaie elle-même n'est aucunement la raison d'être de l'intérêt?

L'intérêt, c'est l'utilité produite journellement par le bien dont on cède ou on garde la possession. La monnaie, qu'elle soit bonne ou mauvaise, ne produit aucune utilité par elle-même. Elle dort. Il n'y a aucun intérêt à la détenir, il y a tout intérêt à s'en défaire; les intérêts annuels, on les paye, non sur la monnaie, mais sur le capital, sur le bien, sur l'utilité qu'on achète avec la monnaie, et cette même monnaie, passant d'une main à l'autre, sert à acheter d'autres capitaux, sur lesquels on payera d'autres intérêts, toujours à cause de l'utilité qu'ils produisent.

On paye dans une année beaucoup plus d'intérêt qu'il n'existe de monnaie, et cette monnaie qui suffit à payer tous les intérêts suffit en même temps à payer tous les biens et tous les capitaux qu'on échange.

Les échanges se renouvellent perpétuellement, on débourse sans cesse des intérêts, l'or qui existe a payé et repayé un nombre infini de fois l'inventaire général tout entier. Mais il n'y a rien ajouté. Indestructible, mais improductif, tel est l'or au milieu de la destruction et de la production générales. Si l'intérêt est un crime, qu'on cherche ailleurs le coupable, l'or est innocent, et l'or supposé aussi bien que l'or vrai.

Si le capital général est 500,000, y compris 5,000 d'or, il est certain que ces 5,000 d'or ne don—nent aucun produit et que tous les intérêts sont payés par les 495,000 restant. Que l'or double, ou qu'il triple, ou qu'il disparaisse, qu'on change de monnaie ou qu'on la supprime, ce capital de 495,000, on l'écrira avec d'autres chiffres, mais il ne sera pas modifié, et la quantité des intérêts à payer en bien monnaie ou en biens quelconques sera encore la même.

Qu'on interroge à ce sujet les pays très-chargés d'or supposé, les pays du cours forcé. L'or vrai y fait prime ; il faut donner cent vingt, cent quarante d'or supposé pour avoir cent d'or vrai. Tous les comptes se font cependant en or supposé, l'intérêt s'y calcule et s'y paye en or supposé, mais sans que le taux en soit moindrement affecté. Payer 5 par an en or vrai sur 100 d'or vrai est la même chose que payer 6 ou 7 en or supposé sur 120 ou 140 d'or supposé.

C'est toujours le même capital et c'est toujours le même intérêt.

Or vrai, or supposé au pair, or supposé au-dessous du pair, quelles que soient la qualité et la quantité de la monnaie; l'intérêt (valeur différentielle entre le capital présent et le capital futur) n'a rien à démêler avec le régime monétaire.

En ce qui concerne les surélévations dans l'escompte de lettres de change, surélévations qui établissent l'équivalence entre l'or des jours de disette et l'or des jours d'abondance, l'expérience est là qui ne dissimule rien.

Est-ce que l'or supposé se donne à bon marché quand une secousse monétaire se déclare? Non.

Le pourrait-il? Non, absolument non.

Il doit se conduire exactement comme l'or vrai, par la raison décisive qu'il est convertible en or vrai à volonté.

L'or supposé peut entrer en concurrence avec l'or vrai et à certains égards se faire son égal, mais il doit se maintenir au même niveau. S'il se donnait avec moins de précautions, en exigeant moins de garanties, ou à plus bas prix que l'or véritable, ce ne serait plus de l'or donné en échange, ce serait de l'or donné par faveur. Il ruinerait bientôt le dispensateur, et compromettrait gravement la situation monétaire générale.

CHAPITRE XXXVIII

L'OR SUPPOSÉ ET L'OR ALTÉRÉ

Si on donne gratuitement, le donataire n'aura
pas à rendre; si on prête, l'emprunteur aura à rendre
plus tard; mais, dans le présent, donataire et emprunteur ont à recevoir, donateur et prêteur ont à
donner. Et pour donner il faut avoir.

Les banques foncières, les banques d'escompte,
les notaires prêtent des capitaux qu'ils ont reçus de
leurs clients. On s'est toujours adressé aux possesseurs de capitaux pour emprunter. On a toujours
cru qu'il n'y avait point de capitaux ailleurs. Tout
cela n'a jamais cessé d'être vrai, mais tout cela a

cessé de le paraître par l'œuvre des banques d'émission. Le bon sens a dû douter de lui-même; on en est arrivé au point de croire que ces établissements ont vraiment la puissance de tirer des capitaux du néant.

Quelques observateurs moins admiratifs déclarent que les banques d'émission, distributeurs prétendus de crédit, vivent elles-mêmes du crédit que leur fait le public. Mais cette explication pèche par la base, car celui qui fait crédit a des intérêts à percevoir sur le capital avancé. Et, dans l'espèce, loin d'être jamais créancier d'aucuns intérêts envers les banques d'émission, le public leur en doit et leur en paye continuellement. Veut-on parler du crédit sans intérêt, du crédit qu'on a appelé gratuit? Mais le crédit sans intérêt n'est autre chose qu'une donation de capital, donation qui dure autant que dure le crédit, donation qui serait ici perpétuelle, vu que la circulation des billets de banque est elle-même perpétuelle. Or, personne ne conçoit les choses de la sorte. Le public n'entend pas se constituer donateur, les banques d'émission ne se reconnaissent point donataires.

Ce n'est donc ni par le crédit, ni par la donation, que les banques d'émission se procurent les capitaux qu'elles emploient à escompter, et, comme elles n'ont réellement pas la vertu de les tirer du néant, (si elles l'avaient les capitaux déborderaient), il faut chercher ailleurs la source où elles puisent leurs moyens.

A l'époque où l'on altérait les monnaies, on prenait, par exemple, 5,000 pesant d'or et on les convertissait en 6,000 par l'addition de 1,000 pesant de cuivre. On frappait ainsi six pièces de monnaie avec l'or de cinq, mais chacune de ces six pièces contenait un sixième d'or en moins que de droit.

L'altération de la monnaie avait constamment pour effet de faire monter tous les prix; l'inventaire général, qu'on aurait évalué 500,000 en pièces de monnaie juste, s'élevait à 600,000 dès qu'on l'évaluait en pièces de monnaie altérée.

Les banques d'émission produisent un résultat identique par un procédé différent. On laisse intacts les 5,000 d'or juste, mais on frappe à côté 1,000 d'or supposé n'ayant aucune valeur, total 6,000. Comme du temps de l'or altéré, la hausse de tous les prix se fait inévitablement. L'inventaire général qui ne change pas n'est plus évalué 500,000, mais 600,000.

Rien n'est changé, c'est vrai, sur la face de la terre, mais un grand déplacement s'est opéré dans l'appropriation de l'inventaire général.

Il y avait 500,000 de biens qui appartenaient dans des proportions différentes à un grand nombre de personnes ; mais dans ces 500,000 la banque d'émission ne possédait rien, si ce n'est son capital de fondation.

Les mêmes biens ont maintenant monté de prix, ils sont à 600,000, et la banque d'émission en possède 1,000, qu'elle ajoute à son capital de fondation. On n'a pas augmenté d'un atome le capital général, mais la répartition en est changée. La banque d'émission s'est approprié un sixième de la monnaie, c'est-à-dire un sixcentième du capital général.

Et l'appropriation est complète. C'est plus qu'une acquisition, c'est une conquête. L'or supposé est aussi stérile que l'or vrai ; il ne rapporte rien tant qu'on le garde. Pour avoir des profits, des intérêts, des plus-values, il faut s'en défaire, entrer dans un autre bien. Et, en effet, c'est ainsi qu'on procède, on agit avec l'or supposé comme avec l'or vrai, et la banque d'émission ne fait pas autre chose. Elle donne des billets, de la monnaie qui ne lui rapporterait rien et qui ne lui coûte rien, et elle reçoit, par contre, des lettres de change, des effets à ordre qui lui rapportent sur l'heure des intérêts qu'elle retient. Tous les jours elle perçoit des rentes, et des rentes anticipées sur un capital qui ne lui appartenait pas et qu'on n'a pas eu l'intention de lui céder.

La loi agraire partageait les biens pris sur l'ennemi. Les émetteurs d'or altéré et les émetteurs d'or supposé ne partagent pas les biens qu'ils prennent, et ils ne les prennent point sur l'ennemi.

Il a fallu des siècles pour qu'on cessât d'altérer la monnaie. En faudra-t-il pour qu'on renonce à l'or supposé? La réforme sera plus difficile, car on ne croyait pas à l'or altéré, et on veut croire à l'or supposé. C'est une religion.

CHAPITRE XXXIX

L'augmentation de la masse monétaire par l'or vrai nouvellement découvert, par l'or altéré, ou par l'or supposé, provoque la hausse de tous les prix.

Par elle-même, la hausse des prix n'a aucune importance. Tout augmente en proportion, donc rien n'augmente. Après un certain temps, il n'y parait plus, on s'habitue à des prix différents, on s'habitue à la monnaie dépréciée.

Oui, mais l'évolution ne s'accomplit que peu à peu, surtout pour certains prix. Il y a des prix en chiffres ronds consacrés par l'habitude qu'on a de la peine à modifier. Le prix du travail, que ce soit à la journée, à la semaine, au mois ou à l'année, est le dernier à hausser. On continue à toucher la même quantité de monnaie, mais cette monnaie est faible, dépréciée, elle paye peu; il en faut plus qu'il n'en fallait pour vivre. On trouve que tout a renchéri, et cette fois on a raison.

Journaliers, fonctionnaires, commis, magistrats, tous ceux qui perçoivent des honoraires fixes, sont donc intéressés à ce qu'on ne découvre pas d'or nouveau, à ce qu'on n'altère pas la monnaie, à ce qu'on cesse de frapper de l'or supposé.

CHAPITRE XL

CONCLUSION

ABANDON DE L'OR SUPPOSÉ

———

Il faut enfin résumer les faits observés et tirer une conclusion :

On n'arrive à posséder les biens dont on a besoin que par des échanges; mais, en échangeant, des deux côtés on ne veut donner plus qu'on ne reçoit.

On est ainsi amené à comparer l'utilité des biens, à les évaluer les uns par les autres.

L'opération d'évaluer directement chaque bien par chaque bien est très-compliquée, d'autant plus

compliquée que la valeur de chaque bien est changeante.

L'évaluation devient aisée si on adopte un terme
de comparaison commun et permanent, une monnaie. Un terme de comparaison ne peut être pris
que parmi les choses qu'on veut comparer. Ici, on
vaut comparer les biens; il faut prendre un bien.

Le bien qui devient monnaie ne cesse pas d'être
un bien, ni par suite de subir des changements de
valeur. C'est un terme de comparaison qui lui-même
oscille. On a toutefois soin de prendre un bien
dont la valeur ne subit que des variations relativement minimes : l'or.

On compare chaque bien au bien monnaie, et
le nombre qui en résulte exprime la valeur de
chaque bien et la valeur de la monnaie elle-même.

Suffisant pour évaluer les biens existants, l'or ne
suffit plus quand il s'agit d'évaluer dans le présent
les biens futurs et dans le futur les biens présents.
Ce qu'on ne possède pas encore est moins utile que
ce qu'on possède déjà. Donc le bien futur vaut actuellement moins que le bien présent. La différence de valeur actuelle entre le présent et le futur

s'appelle intérêt. Elle augmente par progression géométrique quand on augmente le délai.

En ajoutant la valeur de l'intérêt au bien présent, ou en la déduisant du bien futur, on égalise la valeur des deux biens.

On rend facile cette opération en évaluant tout d'abord la progression plus ou moins rapide de l'intérêt lui-même, et ce par le moyen d'une mesure convenue : le taux annuel.

Les deux monnaies, l'or monnaie des biens, et le taux annuel, monnaie du temps, n'évaluent pas seulement, elles interviennent dans l'échange et elles payent en même temps qu'elles évaluent. On évalue en or tous les biens et on s'acquitte en livrant l'or; on évalue en taux annuel toutes les progressions d'intérêt, et on s'en acquitte en payant les annuités ou les semestres.

L'or dédouble l'échange de tous les biens. On achète avec de l'or, puis on vend contre de l'or.

Le taux annuel fait d'une opération deux opérations : on donne un bien actuel contre un bien futur, et au lieu de recevoir à l'échéance un bien plus grand que le bien actuel, on reçoit le même bien ou

un bien de même grandeur; mais, par compensation, avant d'arriver à l'échéance, on a reçu des
loyers, des intérêts annuels.

Les deux monnaies décomposent ainsi les échanges, et cette décomposition simplifie et précise toutes
les transactions.

Fourni et garanti par la nature, l'or est durable,
universel, très-commode, d'un usage très-peu coûteux. Il faut donner des biens pour l'avoir, mais
on reçoit des biens quand on le donne, et en définitive on ne dépense pour l'or que la somme insigni-
fiante des intérêts auxquels on renonce pendant le
temps qu'on le garde. Il est facile de n'en garder
qu'une faible quantité, grâce aux payements économiques et au commerce des capitaux flottants.
Aussi, des provisions monétaires dont la valeur est
très-réduite, comparativement à la valeur de l'inventaire général, suffisent au mouvement de toutes
les recettes, de toutes les dépenses, de tous les
échanges.

Suggéré par la nature, le taux annuel se combine
à merveille avec des besoins que les saisons ra-
mènent périodiquement.

L'inventaire général évalué en or devient capital. L'inventaire général futur sera aussi capital; ce ne sera, à vrai dire, que le capital actuel amélioré par le travail.

Le capital présent et le capital futur sont tous les deux divisibles en capitaux, et par l'intervention des deux monnaies évaluantes et payantes l'échange des capitaux présents contre des capitaux futurs est possible, facile, bien calculé, l'équivalence est exacte; on sait ce qu'on fait; on n'est plus tenu de troquer grossièrement, au hasard, par à peu près, ni le présent contre le présent, ni le présent contre le futur, ni le futur contre un autre futur plus éloigné.

La conclusion est :

Qu'étudié dans ses lois, dans ses instruments. dans son application, l'échange est une science, science exacte comme la Mécanique.

Les lois sont : la composition de la valeur par deux éléments, les tantièmes et les masses; la variation de la valeur par la variation des tantièmes et des masses; la différence de valeur entre le bien présent et le bien éloigné; la différence progressive entre la valeur du bien présent et la valeur du bien futur.

Les instruments sont : l'or et le taux annuel.

L'application, c'est l'équivalence que les contractants établissent eux-mêmes entre les biens qu'ils échangent.

Toute science a ses limites : ce qu'on donne vaut autant que ce qu'on reçoit; l'échange n'est pas une répartition.

Malheureusement, ces limites ne sont pas toujours respectées. Zélateurs des lois anciennes, ou promoteurs de lois nouvelles, il y en a qui veulent transformer l'échange, acte libre et simple, en une opération confuse et plus ou moins officielle de partage, qui veulent se mêler aux contractants, peser dans la balance, forcer le bon marché, supprimer ou affaiblir les différences de valeur, arrêter le prix de l'or, dominer le taux de l'intérêt.

Voie funeste, voie de contrainte où l'on ne peut avancer sans se heurter contre l'impossible, sans se briser contre l'absurde.

Si l'on prescrit de vendre à bénéfice limité, on ne peut moins faire que de garantir les vendeurs contre des pertes illimitées. Il faut vérifier, contrôler, arrêter les comptes de tout le monde, inquisition

insupportable, travail sans fin, matériellement impossible.

Si, dépassant les prévisions de la bienfaisance, la
communauté veut elle-même vendre ou prêter à des
prix continuellement inférieurs aux prix naturels,
aucun budget ne suffira plus aux charges publiques, l'impôt grossira à l'infini, on aboutira
à un déplacement de richesse, à des mutations
de cadastre.

Même résultat si on prescrit aux particuliers de
céder leurs biens à prix réduits, si on leur défend
d'en exiger la valeur intégrale. Les vendeurs livrant
toujours plus qu'ils ne reçoivent et les acheteurs
toujours moins, on ne fera qu'intervertir les rôles.
Ceux qui possédaient céderont la place à de
nouveaux possesseurs. Mais ce sera à recom-
mencer.

Si on ordonne de vendre à bon marché, on fera
renchérir l'or; si on prescrit que l'or soit à bon marché, on fera renchérir tous les autres biens. Toujours
contradicion, impuissance.

On ne peut faire qu'un bien vaille moins qu'il ne
vaut, ni que le bien futur vaille dès à présent autant

que le bien actuel, ou que le bien éloigné vaille autant que le bien sur place.

On ne peut pas décréter la valeur parce qu'on
ne peut pas décréter la comparaison des utilités. La
valeur est indomptable.

Que les riches deviennent pauvres on que les
pauvres s'enrichissent, l'échange restera toujours ce
qu'il est. Riches ou pauvres, il faudra toujours baser
les contrats uniquement sur l'équivalence des biens
qu'on échange, et tenir toujours compte de toutes
les circonstances qui composent et modifient la
valeur; les tantièmes, les masses, la distance dans
l'espace, la distance dans les temps. Quand on
donne un bien pour avoir un autre bien, c'est que le
bien qu'on reçoit est plus utile que le bien qu'on
donne. Chacune des parties le juge ainsi. Les deux
jugements se font équilibre, l'échange est toujours
juste, puisqu'il satisfait deux contradicteurs.

Quels que soient les contrats, ventes, locations,
emprunts, honoraires, des deux côtés on se livre des
biens qui ont la même valeur. Par le fait c'est toujours de l'or qu'on échange contre de l'or, poids pour
poids, et les intéressés tiennent eux-même la balance.

L'échange se défend lui-même sans que la puissance publique ait à intervenir. Les seules lois, la seule tutelle qui lui conviennent sont des formules légales pour valider les transactions et des juges pour vider les contestations.

Rendre l'échange toujours plus aisé et plus rapide, l'émanciper de plus en plus, oui, mais le réformer, non.

L'astronomie révèle les lois du ciel; songe-t-on à réformer ces lois? on les admire, on les étudie ; instruit par elles on mesure le temps et on franchit l'Océan. Plus on connaît les choses qui résistent au libre arbitre, et plus on a d'empire sur toutes les autres.

Les lois naturelles de l'échange sont justes et immuables. Se révolter contre elles, c'est dépenser à pure perte des forces, des études, des dévouements qui, tournés vers d'autres horizons, opéreraient des réformes urgentes, résoudraient de vrais problèmes, et détruiraient les préjugés auxquels le monde est encore asservi.

Mais l'échange ne sera jamais complètement émancipé, ses principes seront toujours mis en cause; le législateur ne cessera jamais de tâtonner et de se contredire; la lumière sera toujours interceptée tant que la science n'aura pas raison de son ennemi déclaré : l'or supposé.

C'est l'or supposé qui fait dire que l'or vrai n'a qu'une valeur imaginaire; qu'on peut, ou se passer de cette monnaie, ou lui faire une concurrence utile, et qu'on peut, les autres prix étant émancipés, gouverner la valeur d'un métal.

C'est l'or supposé qui confond toutes les idées, qui obscurcit toutes les notions. On prétend qu'il est légitime et utile, parce que les lettres de change sont légitimes et utiles, comme s'il y avait la moindre similitude, le moindre rapport entre la lettre de change et le billet de banque; entre la lettre de change, payement économique, qui fait décroître le tantième monétaire et stérile au profit de la communauté tout entière, et le billet de banque qui laisse intact le tantième monétaire et stérile, qui entre en concurrence avec l'or vrai et le déprécie, au bénéfice exclusif de la banque d'émission et au grand détriment du public.

C'est l'or supposé qui fait croire qu'il y a des ca-

pitaux ailleurs que dans l'inventaire des biens existants, qu'on peut en créer pour les prêter, qu'il convient d'avoir une monnaie de convention, une
monnaie nationale, une monnaie extrà-naturelle,
une monnaie sans valeur; que par elle et avec elle
il peut surgir des distributeurs de crédit.

C'est l'or supposé qui fait considérer l'action du
temps, l'intérêt, comme un mal qu'on peut ou supprimer, ou tarifer, ou réduire par d'habiles combi-
naisons.

C'est l'or supposé, c'est-à-dire la richesse à profu-
sion et sans fin, toujours disponible si la puissance
publique le veut ou le permet, qui entretient l'habitude de tout demander, de tout attendre de cette
puissance. On pétitionne et on postule contre la
hausse de l'or présent, contre la baisse de l'or futur,
contre l'escompte. On pétitionnera et on postulera
contre la mauvaise récolte qui fait renchérir le blé
et contre la bonne qui le fait déprécier.

C'est l'or supposé qui autorise et provoque toutes
les aberrations, qui attise la discorde entre ce qu'il
y a de plus inséparable, le travail et le capital. On
parle de monnayer le travail, d'en faire du papier

fiduciaire, tandis qu'on ne peut monnayer qu'un bien réel déjà existant, et encore faut-il que ce bien soit propre au service monétaire. On parle d'associer les bras en dehors du capital, comme si c'était avantageux, comme si c'était possible, comme si l'exemple à suivre n'était pas donné par les grands capitaux. Les plus petites épargnes réunies en société pour un but déterminé peuvent devenir puissantes. Mais l'abdication de la personne au sein d'une communauté de travail est un sacrifice trop grand et trop rarement rémunéré par le succès. Les masses ont pour elles le nombre et la discipline. Leur vote fait les législateurs, les codes, les impôts. Par la politique, elles tiennent tout. Pourquoi préférer des chimères?

Aucune erreur n'a jamais été aussi fortunée que l'erreur de la monnaie fiduciaire, de l'or supposé. Elle satisfait les conservateurs, elle séduit les novateurs, elle plaît aux riches, elle sourit aux pauvres. Le charme est général, et, cependant, on se combat à outrance, ici, pour le privilége, là, pour la liberté.

Le privilége est pris en aversion, on s'irrite, on le rend responsable de tout, même du mal qu'il ne fait pas et même du bien qu'il ne peut pas faire. On veut le renverser. Cependant l'émission libre a causé partout des désastres. Partout on a fini par décimer le droit commun, sacrifice toujours douloureux, mais accepté quelquefois comme un mal moindre. On dirait que l'expérience est moins défavorable pour le monopole que pour l'antimononopole. Qu'importe? Le privilége est odieux, sa disparition promet un soulagement indicible.

Entre les deux systèmes également forts à l'attaque, également faibles à la défense, la lutte est interminable. C'est que l'illusion est des deux côtés, c'est que la vérité est ailleurs. Mieux vaudrait renoncer d'un commun accord à la fausse toison, mieux vaudrait faire parler ce sphinx de l'or supposé, lui faire dire son secret : Je ne suis qu'une idole, idole avec le privilége, idole avec la liberté.

En fait d'or supposé, on ne sera dans le vrai que le jour où tout le monde étant libre de l'émettre, personne ne voudra plus l'accepter.

Il appartient à la puissance publique de donner l'exemple. Parfois, l'amélioration des choses humaines ne se fait que par des guerres, des bouleversements, des luttes territoriales. Souvent on l'obtient par des moyens opposés : l'accord, le traité, la convention, le concordat, l'adoption simultanée d'une mesure reconnue réciproquement salutaire. Le jour viendra donc pour les traités monétaires.

Les États se promettront réciproquement de n'avoir aucune relation d'affaires, aucune créance, aucune dette envers les banques d'émission quelles qu'elles soient.

Ils se promettront qu'au bout d'un certain temps et par des retraits successifs tout l'or supposé actuellement émis par les banques privilégiées sera annulé.

Ils se promettront de ne plus accorder aucun privilége pour l'émission de l'or supposé.

Ils se promettront de ne plus recevoir, à partir d'une certaine époque, aucun payement en or supposé et de n'accepter que des reconnaissances de dépôt donnant, non une créance, mais la propriété de l'or vrai réellement déposé. Cette stipulation suffira pour arrêter toute émission d'or supposé sans la défendre. Répudié et refusé par les caisses publiques, l'or supposé sera bientôt répudié et refusé par le public tout entier. Le privilége disparaîtra, l'or supposé disparaîtra, et aucune liberté ne sera lésée.

On pourrait objecter que partout les États ont des dettes envers les banques privilégiées. C'est vrai, mais ils sont libres de changer de créanciers, il leur est facile d'emprunter au public ce qu'ils ont emprunté aux banques privilégiées et de les rembourser.

Ils cesseront ainsi d'avoir une part même indirecte dans les bénéfices que les banques privilégiées réalisent en s'appropriant une portion du capital général.

On pourrait encore objecter que cette portion du capital général que les banques d'émission s'approprient en émettant l'or supposé reçoit au moins une bonne destination; qu'elle est continuellement employée à escompter et que si l'or supposé venait à manquer, les effets à ordre ne trouveraient plus d'escompteurs.

En droit cet argument n'a aucune force, l'expropriation ne pouvant avoir lieu que moyennant indemnité. Il n'est pas juste de faire supporter un si grand dommage au public tout entier pour la seule convenance des escomptés.

En fait, rien de plus facile que de pourvoir sans artifice à tous les escomptes. Il suffit que l'État cesse de tenir des comptoirs ouverts pour le commerce des capitaux flottants. Pourquoi toutes ces émissions indéfiniment renouvelées de bons de Trésorerie? Pourquoi dans ses mains tous ces fonds empruntés à courte échéance? Voilà des capitaux flottants qui, dirigés sur les banques d'escompte, suffiront amplement à tous les besoins.

Il est convenable que l'État s'en tienne à la dette perpétuelle, dont le monopole lui appartient naturellement, dette qu'il peut diminuer par des rachats quand les revenus publics le permettent. Il n'y aurait pour lui que sagesse à se débarrasser des charges mercantiles d'un passif exigible à bref délai.

Quant aux particuliers, il est bon qu'ils se familiarisent avec le compte courant à intérêt et qu'ils prennent l'habitude d'avoir leurs banques comme ils ont leurs notaires ou leurs avoués. L'avantage est double: ils évitent des pertes d'intérêt, et ils coopèrent à la diminution générale du tantième monétaire et stérile.

La disparition de l'or supposé est chose si importante, si peu coûteuse, si rationnelle, si juste, si utile, si réparatrice, qu'un État devrait la vouloir ors même qu'il serait seul à la vouloir et que le concours des autres États lui ferait défaut. Il lui suffit de s'entendre avec les actionnaires de la banque privilégiée. De quoi s'agit-il enfin? D'une indemnité à leur payer pour le rachat de leur privilége. Cette indemnité peut devenir très-légère pour l'État, et même se réduire à rien, l'État disant à la banque d'émission :

Renoncez au privilége;

Retirez graduellement tout l'or supposé qui circule;

Devenez simple banque d'escompte;

Je cesse le commerce des capitaux flottants et je vous cède ma clientèle.

Je vous garantis pour le temps que le privilége devait durer un dividende annuel égal au dividende actuel.

J'aurai droit à une portion de vos bénéfices au

delà du minimum garanti, mais seulement jusqu'à remboursement des compléments de dividende que j'aurai payés.

Cette convention ouvrirait un grand avenir à la Banque elle-même.

Tant qu'une banque émet de l'or supposé, elle ne peut faire appel aux capitaux, il faudrait leur payer des intérêts, et la banque d'émission aurait grand tort de payer des intérêts, elle qui peut fabriquer, dans ses bureaux, autant de capitaux gratuits qu'il lui convient. Mais dès le jour où la banque d'émission se serait transformée en banque d'escompte, son premier acte sera d'ouvrir des comptes courants à intérêts.

A son appel, on verra accourir de toutes parts et sur tous les points qu'elle indiquera les capitaux en masse, ceux qui avaient contracté l'habitude d'aller à la trésorerie de l'État, désormais retiré du commerce, et ceux qui souvent restaient sans emploi, faute d'un preneur sur place inspirant assez de confiance. Qui ne voudrait être le client de la grande banque qui s'est enfin décidée à bonifier des intérêts? Elle sera la plus commode, la meilleure des caisses d'épargne; elle sera la banque préférée entre toutes les banques. Ne voit-on pas que, déjà actuellement, on lui verse des sommes considérables, quoiqu'elle ne paye aucun intérêt?

Pour répondre à tous les besoins, la Banque émettra des billets à rente remboursables moyennant préavis, et des bons à intérêt payables à échéance fixe, le tout au gré des preneurs; elle multipliera les succursales, elle aura des agences dans un grand nombre de localités, et des correspondances même à l'étranger. L'or voyage; pourquoi la Banque ne serait-elle pas présente sur tous les grands marchés?

Ce ne sont certes pas les capitaux qui feront défaut à la Banque, mais plutôt la matière escomptable. Et alors l'État pourra s'adresser à elle pour, au besoin, faire escompter ses acceptations et obtenir des avances sur nantissement. La Banque n'émettant plus d'or supposé, ses rapports avec l'État seront parfaitement réguliers.

Ce qui excite particulièrement le mécontentement général, c'est que toutes les fois que la banque privilégiée élève le taux de l'escompte, elle augmente d'autant ses bénéfices. Tant que la Banque prend 4 pour cent, on le trouve bon, on ne se plaint pas, mais quand elle prend davantage on crie à l'iniquité. C'est au point que, pour donner un semblant de satisfaction, telles banques privilégiées ont promis au public de ne plus distribuer à leurs actionnaires les bénéfices produits par les surélèvations de l'escompte au delà d'un certain taux. Ces bénéfices sont portés à la réserve, mais ils n'en appartiennent pas moins aux actionnaires, dont les actions acquièrent une plus-value proportionnelle à l'augmentation de la réserve. C'est illusoire; mais à telle plainte, telle satisfaction.

Ce qui est positif, c'est que l'or supposé ne peut être cédé à meilleur prix que l'or vrai; c'est que l'or supposé est condamné à faire les bénéfices qui font détester l'émetteur; c'est que l'escompté n'a rien à perdre par la disparition de l'or supposé. On a l'or vrai au même prix.

La transformation de la banque d'émission en banque d'escompte ordinaire produira instantanément un grand bien moral.

Toutes les prétentions en fait de crédit ou d'escompte, toutes les erreurs en fait de monnaie tomberont d'elles-mêmes.

La Banque ne sera plus le point de mire de toutes les accusations, ni le point de départ de toutes les idées fausses.

Quand l'or se raréfiera, quand l'escompte s'élèvera, la Banque accordera un intérêt plus élevé aux comptes courants; quand l'or abondera et que l'escompte baissera, elle escomptera à meilleur marché. Personne ne s'en plaindra.

L'équilibre entre l'escompte à prendre d'un côté et l'intérêt à bonifier de l'autre sera maintenu par les événements eux-mêmes.

La Banque sera désintéressée dans les oscillations du taux d'escompte. Avec le taux abaissé ou avec le taux élevé, son bénéfice restera le même ; ce sera toujours une même différence entre l'intérêt payé et l'intérêt perçu.

Il en sera pour le commerce de l'or et de l'escompte comme pour tous les autres commerces: l'oscillation favorisera tantôt les uns et tantôt les autres.

Libre et puissante, marchant dans les voies de la justice et de la vérité, la Banque transformée sera le grand marché des capitaux flottants. Ses affaires prendront un essor incalculable. En peu de temps, ses bénéfices égaleront les bénéfices qu'elle faisait avec l'or supposé ; en peu de temps, elle nivellera son compte de garantie avec l'État.

La grande masse et la grande subdivision des effets (effets qui représentent des marchandises réellement livrées par l'escompté) réduisent infiniment les risques de l'escompte ; aussi, la Banque transformée n'aura besoin ni de grand capital, ni de grandes réserves en fonds publics. Ceux qu'elle possède, elle les distribuera en nature à ses actionnaires. Les actionnaires rentreront ainsi dans une portion du capital versé, sauf à le reverser en cas d'appel, suivant ce qui se pratique dans toutes les sociétés de banque et d'assurances.

La réapparition de la reconnaissance au porteur doit coïncider avec la disparition de l'or supposé. Mais le métal précieux, appartenant aux porteurs des reconnaissances de dépôt, ne doit pas figurer dans l'actif de la Banque, comme les reconnaissances de dépôt ne doivent point figurer dans son passif. Il faut faire ici ce qu'on fait pour les titres déposés,

lesquels n'entrent jamais dans les comptes de la
Banque. Les dépôts de titres comportent des certi-
ficats nominatifs; les dépôts de métal précieux sont
constatés par des reconnaissances au porteur. Voilà
la seule différence entre le dépôt de titre et le dépôt
de métal précieux. Mais cette différence a des conséquences importantes au point de vue du contrôle
des dépôts.

Le déposant de titres est nanti d'un certificat
relatant distinctement tous les numéros des titres
déposés.

Le déposant d'or n'a rien et ne peut rien avoir de
pareil. Il a bien en main une reconnaissance au porteur; mais la somme déposée se mêle aux autres
sommes, aucun signalement ne la fait reconnaître.

Une garantie est pourtant nécessaire: il faut que
les dépôts de monnaie métallique soient soumis à
des vérifications fréquentes, publiques, solen-
nelles. Il faut absolument savoir d'une manière
authentique si tout l'or déposé, tout l'or représenté
par les reconnaissances est à sa place.

Il circule de par le monde pour trois mille

tonneaux d'or supposé. Monnaie abusive et trom-
peuse! Ses bienfaits sont nuls, ses dangers incon-
testables. L'expérience est là : elle est terrible. Il
n'existe pas de grande banque d'émission qui n'ait
arrêté ses payements. Toutes ont failli à leurs enga-
gements, toutes ont ce mauvais précédent, le cours
forcé. Il faut donc aviser, car le désastre peut se
renouveler.

Le cours forcé est un abîme dont on peut revenir,
mais on n'est jamais sûr d'en revenir sans de pro-
fondes blessures. Le péril est surtout redoutable si
la fabrication de l'or supposé est concentrée dans
un seul établissement et si cet établissement à le
pouvoir d'en émettre à volonté.

Quand même il serait vrai que l'or supposé déve-
loppe les affaires, quand même il serait faux que
l'or supposé impose de grandes pertes au public, il
serait encore sage de renoncer à un expédient qui
fait courir de si grands dangers.

Quelque admiration qu'on professe pour l'or supposé, on n'est pas quelquefois sans avoir au fond
de grandes inquiétudes. On discute alors sur la
limite que l'émission ne devrait pas dépasser.

C'est là un hommage involontairement rendu à la vérité.

Comment soutenir que ce palladium de l'activité sociale, que cette monnaie si salutaire devienne tout-à-coup si dangereuse, seulement parce que la dose en est augmentée d'un cinquième ou d'un sixième, d'une somme égale à peine au produit mensuel de l'impôt? Et si on craint de l'augmenter même si faiblement, comment soutenir que cette monnaie est opportune, qu'elle est utile, qu'elle est puissante?

Ce n'est pas moins par la qualité que par la quantité que l'or supposé est un mal. Pour s'en défendre, il n'y a qu'une mesure radicale : la déconsidération et l'abandon.

On comprend qu'une ville assiégée, cernée de toutes parts, à bout de ressources, faisant flèche de tout bois, émette une monnaie de siége, monnaie obsidionale, monnaie de nécessité, or supposé qui disparaîtra quand le siége sera levé.

Mais en temps normal, quand toutes les barrières sont abaissées et toutes les portes grandes ouvertes, continuer et augmenter l'émission de la monnaie obsidionale, de l'or supposé, c'est faire sans necessité et sans excuse du régime extrême et temporaire de l'état de siège un régime ordinaire et permanent.

FIN

Paris. — Imprimerie Poitevin, rue Damiette, 2 et 4.

www.ingramcontent.com/pod-product-compliance
Ingram Content Group UK Ltd.
Pitfield, Milton Keynes, MK11 3LW, UK
UKHW020148130726
13696UKWH00002B/422